HÉROS MALGRÉ LUI !

Catalogage avant publication de Bibliothèque et Archives nationales
du Québec et Bibliothèque et Archives Canada

Brochu, Yvon

    Galoche, héros malgré lui!

    (Galoche; 14)
    Pour enfants de 9 ans et plus.

    ISBN 978-2-89591-199-9

    I. Lemelin, David. II. Titre. III. Brochu, Yvon. Galoche; 14.

PS8553.R6G34 2014   jC843'.54   C2013-941939-X
PS9553.R6G34 2014

Tous droits réservés
Dépôts légaux: 1er trimestre 2014
Bibliothèque nationale du Québec
Bibliothèque nationale du Canada
ISBN 978-2-89591-199-9

© 2014 Les éditions FouLire inc.
4339, rue des Bécassines
Québec (Québec) G1G 1V5
CANADA
Téléphone: (418) 628-4029
Sans frais depuis l'Amérique du Nord: 1 877 628-4029
Télécopie: (418) 628-4801
info@foulire.com

Les éditions FouLire reconnaissent l'aide financière du gouvernement du
Canada par l'entremise du Fonds du livre du Canada pour leurs activités
d'édition.

Elles remercient la Société de développement des entreprises culturelles du
Québec (SODEC) pour son aide à l'édition et à la promotion.

Elles remercient également le Conseil des arts du Canada de l'aide accordée
à leur programme de publication.

Gouvernement du Québec – Programme de crédit d'impôt pour l'édition de
livres – gestion SODEC.

GALOCHE

HÉROS MALGRÉ LUI !

YVON BROCHU

Illustrations
David Lemelin

ÉDITIONS
FouLire

Les humains, quand ils sont jeunes,
ils aimeraient être vieux, et quand ils sont vieux,
ils voudraient être jeunes…
Difficiles à comprendre, ces deux pattes,
foi de Galoche !…

Hi, hi, hi !

N'oublie pas qu'il me fait toujours plaisir
de t'accueillir dans ma cyberniche
www.galoche.ca

FABIEN

MARILOU

ÉLOÏSE

SÉBASTIEN

ÉMILIE

GALOCHE

BÉNÉVOLE MALGRÉ MOI

C'est samedi matin. Je fais une promenade en compagnie d'Émilie et de son petit ami, Pierre-Luc. Je viens dans ce quartier pour la première fois. Dans la rue où nous sommes présentement se dressent des maisons à deux étages avec des escaliers extérieurs. Le soleil brille, les oiseaux ne cessent de lancer des «Pit! pit! pit!» et moi, Galoche, je suis dans un piteux état...

– Monte, Galoche! lance ma douce Émilie, avec insistance.

Ahuri, je la regarde, assis devant un escalier qui mène je ne sais trop chez qui et que je viens de monter et de descendre à deux reprises.

« Émilie a perdu la tête ou quoi ? »

Je pose mes yeux sur notre jeune voisin, en l'implorant de venir à ma rescousse ou encore de m'expliquer ce qui se passe.

– Monte, Galoche ! renchérit-il, sans plus.

Je suis désemparé. Pourtant, en bon chien docile, je m'élance et grimpe jusqu'au palier, en me disant : « OK, OK, OK !... Mais c'est la dernière fois ! » En fait, j'en ai ras le poil de jouer au fou ! Il y a plein de passants dans la rue ; c'est vraiment gênant.

– Redescends, maintenant !
crie Émilie.

Je m'exécute.

– Lentement! ordonne ma Douce.

Lentement?... Bien qu'étonné, j'obéis et freine mes ardeurs.

– Plus lentement! intervient Pierre-Luc, les yeux plissés par les rayons du soleil.

«Mais à quoi ils jouent?...»

Je ralentis encore davantage ma descente, tant et si bien que je sens mes déhanchements d'une marche à l'autre.

Je regarde vers le bas pour m'assurer que je réponds bien aux attentes d'Émilie et de Pierre-Luc. Horreur! Plusieurs personnes se sont arrêtées pour m'observer.

«Pas question de jouer au chien savant une seconde de plus!»

Je bondis et franchis les dernières marches telle une gazelle poursuivie par un guépard.

– Aou... ou... ouh!

– Wooo! Wooo! fait Émilie, apeurée, alors que je déboule les dernières marches sur les fesses et m'affaisse à ses pieds.

– RRRRrrrrrr! que je grogne de colère, le toupet en l'air, espérant que cette comédie est terminée.

🐾

C'est le pire samedi matin de toute ma vie!

Imagine: après l'expérience dégradante de l'escalier, je me retrouve à déambuler sur une avenue commerciale, à côté d'Émilie... avec une laisse au cou.

Oui, oui, tu as bien lu: UNE LAISSE!

« Émilie? Émilie? Qu'est-ce qui t'arrive?»

Je suis désespéré, les poils encore tout hérissés à la

suite de cet affront à ma liberté. Jamais, jamais, au grand jamais, l'Émilie que je connais depuis des années ne m'aurait contraint à pareil esclavage.

«Où est donc passée mon Émilie, si respectueuse de moi et de ma race?»

Pierre-Luc, qui nous suit, semble un peu inquiet, mais il ne fait rien pour contrarier ma Douce.

Malgré tout, j'espère retrouver mon Émilie comme je l'ai toujours connue et je m'impose de jouer le toutou modèle et de la suivre, patte à patte.

Deux ou trois coins de rue plus loin, elle m'entraîne rapidement dans un édifice. Nous nous y engouffrons par une grande porte tournante, à travers plein de monde. Je joue au kangourou pour ne pas me faire écraser les coussinets. Puis, nous suivons le flot d'humains qui se déplacent à vive allure pour finalement nous entasser dans un genre d'immense placard. Deux larges portes se referment juste devant mon museau.

Eh oui, je suis dans un ascenseur. Il me semble pourtant avoir déjà entendu Marilou dire qu'il s'agit d'un véhicule de transport en commun défendu aux pauvres quatre pattes que nous sommes, nous, les chiens...

Zzzzoum!

Nous montons.

Mon cœur aussi.

Je lève la tête.

Les gens autour de moi fustigent Émilie et Pierre-Luc du regard, en lançant des «Hum,

hum!» ou en émettant d'étranges grognements que j'interprète comme des signes de désapprobation. Pourtant, mes deux amis ne se préoccupent absolument pas d'eux. Ça, non! Ils ne cessent de m'observer, moi, comme si j'étais soudain devenu une étoile rare.

«Ah, si je pouvais être une étoile filante et déguerpir d'ici, en *catiminou*!»

Je tente de garder ma caboche froide. L'ascenseur émet un drôle de bruit et s'arrête sec.

«Aouuuh!» que je hurle dans ma tête, en encaissant le choc, tandis que plusieurs personnes sortent. Mais pas nous...

Zzzzoum!

«Et c'est reparti, mon frisbee!»

J'ai les nerfs à fleur de peau.

Quelques secondes plus tard, d'autres deux pattes sortent de l'ascenseur. Mais pas nous...

Zzzzoum! Zzzzoum!

Notre voyage vers le haut s'éternise.

L'ascenseur est maintenant vide à l'exception de notre trio. Tout à coup, les paroles de Marilou me reviennent en tête: «Les chiens ont une peur bleue des ascenseurs. Ils ne peuvent comprendre qu'ils montent et descendent sans utiliser leurs pattes. C'est normal: ils n'ont pas de tête!... »

Comme pour faire un pied de museau à Marilou, je me dis: «Galoche, maîtrise-toi, voyons!»

Zzzzzzzzzzoum!

Aïe! On redescend!... Mais pourquoi avoir monté tout ça, alors? J'ai le cœur en compote!

«Aoooouh!»

À chaque nouvel arrêt, je fais des efforts inouïs pour ne pas échapper un jappement. Je mène un dur combat.

Pour m'encourager, je songe à tous les humains que j'ai vus, de mes propres yeux, se mettre à danser, hurler et devenir aussi blancs qu'une poule alors qu'une petite grenouille bondissait devant eux ou encore qu'une gentille araignée grimpait sur leur main...

Zzzzoum! Zzzzoum! Zzzzoum!

Le supplice se poursuit, mais je résiste toujours.

Les deux portes glissent pour la vingtième fois. Je jubile: «Enfin, le hall d'entrée!» Je fais un pas vers l'avant. La laisse se resserre autour de mon cou. Impossible de bouger.

«Ah non, non!»

Eh oui! Émilie s'est remise à jouer sur les pitons et la cabine repart en orbite avec, comme seuls passagers, NOUS TROIS! Émilie et Pierre-Luc continuent de me regarder d'un air innocent, avec un sourire que je qualifierais franchement d'un peu niais.

«MAIS QU'EST-CE QU'ILS ONT MANGÉ CE MATIN, CES DEUX-LÀ?»

Après trois montées et descentes, j'ai l'estomac dans les coussinets, le cœur qui fait du surf dans ma poitrine et les babines enflées comme si j'avais joué de l'harmonica pendant toute une journée.

Mon flair légendaire me dit qu'il y a... chat sous roche! Rien n'est normal, tout va tout croche, foi de Galoche!

Aussi, je refoule mon envie de leur japper mes remontrances par la tête et je continue d'arborer un air de *booooon* chien.

– Chapeau, Galoche! fait Émilie, qui semble soudain radieuse.

– Ouais, approuve Pierre-Luc, l'air soulagé, le test est concluant.

«Le test? Mais de quel test parlent-ils?... Prendre l'ascenseur?»

Inquiet, je file dehors, toujours sous le joug de cette impitoyable laisse qui m'érafle la peau du cou.

W-OUF!

🐾

C'est le plus horrible, le plus éprouvant samedi matin de toute ma vie! Après le supplice de l'escalier et de l'ascenseur, Émilie et Pierre-Luc ont continué de me TESTER, misère à poil!

En moins de deux heures...

- Ils m'ont fait passer et repasser six fois devant un gros matou noir, roulé sur un vieux banc de parc, dont les yeux projetaient vers moi de méchantes étincelles, comme s'il voulait m'électrocuter sur-le-champ à chacun de mes passages.

W-ouf!...

- Ils m'ont laissé poireauter un bon moment au parc, dans un énorme carré de sable bondé de bébés qui m'ont aspergé de sable, mis les doigts dans les yeux, les oreilles, les narines, alouette! et qui ont même transformé mon dos en boulevard pour y faire rouler leurs camions de pompiers et leurs tracteurs démolisseurs; enfin, quand les maniaques des quatre roues ont quitté le carré, une mignonne fillette m'a gentiment adopté et m'a enfilé les vêtements de sa poupée.

W-ouf!

- Ils m'ont fait faire, à moi qui aime la tranquillité, le chant des oiseaux et le gazouillis des ruisseaux, deux fois le tour du stationnement d'un monstrueux centre commercial avec de longues filées d'autos et des klaxons qui claironnaient à m'en faire frémir les oreilles.

Oui, oui, tout cela, toujours en moins de deux heures!

Je continue, car ce cauchemar était loin d'être terminé...

W-ouf!

- Ils m'ont fait circuler dans un parc bondé de manèges, entouré d'une foule de personnes, de jeunes et de poussettes... Horreur! Que de cris, de bruit, de sirènes... et de dangereuses barbes à papa collantes, trimballées par de petits enfants excités qui voulaient tous me caresser!

W-ouf!

Et, pour terminer en beauté...

- Sur le chemin du retour, ma Douce a décidé de me faire donner un bain de mousse dans une boutique de soins pour animaux, ce que je déteste particulièrement; sans compter que le jeune homme qui s'est occupé de moi, aussi frisé qu'un caniche royal, portait plus attention à Émilie qu'à moi en faisant son travail et il m'a mis de la mousse dans les yeux à plusieurs reprises.

W-ouf!

ET LE PIRE DANS TOUT ÇA?...

Émilie, si gentille, si avenante, si affectueuse avec moi depuis mon arrivée chez les Meloche, n'a jamais levé le petit doigt pour adoucir l'une ou l'autre de ces tortures physiques ou mentales qu'elle m'imposait, arborant même, parfois, un visage aussi dur et froid que Marilou, sa mère, quand cette dernière me croise dans la maison...

INCROYABLE!

Quant à Pierre-Luc, sur qui je peux toujours compter pour me tirer d'embarras et qui m'aime bien, il n'est jamais intervenu.

INCONCEVABLE!

Moi, Galoche, j'ai tout enduré sans laisser jaillir la colère qui m'habitait, en me répétant sans cesse: «Ils ont perdu la tête, tous les deux, c'est certain, mais il doit bien y avoir une raison à cela. Je dois comprendre ce qui les motive à me traiter de la sorte.»

SI C'EST ENCORE POSSIBLE...

Au moins, ce samedi matin semble vouloir se terminer sur une note positive...

Enfin, je respire un peu mieux. Émilie vient de s'arrêter au comptoir Monsieur Cornetto, pas très loin de la maison. Elle a acheté un cornet avec deux boules de crème glacée, l'une aux noisettes et l'autre aux pistaches, ma préférée. Comme d'habitude, elle devrait me donner la permission de lécher le fond de son cornet avant de me laisser le croquer. Et j'en ai bien besoin, après cette folle escapade!

Tout à coup, juste devant mon museau... SPLOTCH!... la boule de crème glacée aux pistaches s'écrase sur le trottoir. Mes moustaches frétillent de contentement et la bonne odeur de pistache fait valser de joie mes narines. Je m'apprête à sauter sur cette grosse boule aplatie et à me délecter comme jamais quand une puce me chuchote à l'oreille : « Stop ! »

Instinctivement, je lève les yeux et croise le regard de mon Émilie. Elle semble me défier : « Que vas-tu faire, mon beau ? Te jeter dessus comme n'importe quel chien mal éduqué ou, en animal qui sait vivre avec les humains, attendre ma permission ? »

Horreur ! J'ai maintenant la certitude qu'Émilie a fait tomber cette boule volontairement et que, de nouveau, elle me fait passer un test.

Je ne bouge pas d'un poil. J'attends, frissonnant, le cœur en mille mini-morceaux de glace aux pistaches.

De toute évidence, je suis sous haute surveillance. «MAIS POURQUOI? QUE SE PASSE-T-IL DONC?»

Je recule même de deux *empattées*.

– Bravo, mon beau! s'exclame Émilie. Maintenant, tu peux la manger, ta crème glacée.

Moi, Galoche, je n'ai plus faim du tout.

– Voyons, Galoche, me dit gentiment Émilie, tu as été fantastique: cent pour cent sur toute la ligne! Tu mérites bien une petite récompense.

– Oui, conclut Pierre-Luc, tout sourire. Tu es un *booooon* chien! Mange, mange!

Je me répète dans ma tête: «Jamais! En tout cas, pas avant que vous m'ayez expliqué les raisons de cet épouvantable samedi matin que vous venez de me faire vivre!»

– Ne t'en fais pas, Galoche, renchérit doucement Émilie, toutes ces épreuves sont terminées. On n'avait pas le choix…

– Et c'est pour une bonne cause ! précise Pierre-Luc, en me caressant la tête.

Mais ni l'un ni l'autre ne daignent éclaircir vraiment le mystère. Et c'est avec regret que, devant moi, j'observe la flaque verte grossir, grossir et grossir, telle mon inquiétude.

🐾

– Le dîner est prêt !

Dès notre retour chez les Meloche, la voix de Fabien retentit dans la maison.

– Dans cinq minutes, tout le monde à table ! Sinon, pas de DESSERT !

Complètement épuisé, et heureux de me séparer de mes deux amis aux comportements si bizarres en ce samedi matin exécrable, je me retire au salon.

Affalé près du divan, je surprends Émilie qui souffle un mot à l'oreille de Pierre-Luc, dans le hall d'entrée. Puis, je les vois filer à l'étage en grimpant les marches deux par deux.

Ah, ces deux-là, ils trament encore quelque chose, je le sens !

La curiosité l'emportant sur ma fatigue, je m'empresse de monter l'escalier sur le bout des coussinets. Ensuite, je longe le corridor sur le plancher de bois franc, les griffes bien rentrées pour que les amoureux ne détectent pas ma présence, et je m'allonge près de la porte de la chambre d'Émilie. Les oreilles aux aguets, je saisis vite que ma Douce est en pleine conversation téléphonique.

– Non, non, madame Maryline, il n'est jamais malade en voiture... Non, non, il n'a aucun problème avec les escaliers... Euh ! oui ! Si on le lui demande gentiment, il peut faire la belle, donner la patte...

« Mais c'est de moi qu'elle parle ! »

– Il peut même se rouler par terre, glisse Pierre-Luc, à mi-voix.

Émilie s'empresse de répéter ses paroles au téléphone.

– ... Oui, oui, je vous assure, madame Maryline, c'est un chien parfait pour vous ! Vous n'aurez aucun problème avec lui, je vous le garantis.

MISÈRE À POIL ! ÉMILIE VEUT SE DÉBARRASSER DE MOI !!!

Je n'entends plus rien. Je n'écoute plus rien. Je n'ai que des pensées noires qui envahissent mon esprit. «Les vacances d'été arrivent. Émilie et Pierre-Luc sont amoureux. Je les embête. Ils ne veulent plus de moi !»

Je suis cloué au plancher, la mort dans l'âme.

«Que j'ai été naïf de penser qu'Émilie était mon amie pour la vie !»

Au plus profond de moi, une petite voix – bien petite, mais tout de même –

persiste à affirmer que c'est impossible que ma Douce se sépare de moi.

Pourtant, cet appel téléphonique est on ne peut plus clair! Je suis dans un état lamentable. Quelques mots lointains parviennent jusqu'à moi:

– Vite... descendez... tarte... sucre!

Pour un instant, je me dis que tout cela est peut-être un cauchemar. Que je vais me réveiller et bien en rire.

La porte s'ouvre brusquement. Je tente de me lever. Impossible: mes pattes sont molles comme de la guenille et je reste collé au plancher.

– GALOCHE! s'exclame Émilie, qui se penche vers moi et me prend dans ses bras. Viens, mon beau, on va aller dîner. Ça tombe bien! Pierre-Luc et moi, on a une grande nouvelle à annoncer à la famille.

– Aoooooooouh!

Un long cri de désespoir jaillit de ma poitrine.

Je suis presque mort de chagrin dans les bras de mon Émilie, qui demeure debout près de sa chaise tandis que Pierre-Luc a pris place à la table.

– J'ai une annonce à vous faire, lance Émilie. C'est à propos de Pierre-Luc, de moi... et de Galoche !

Tous les yeux de la famille Meloche se tournent vers elle.

– Pierre-Luc et toi, vous vous mariez ! tonne Sébastien, le frère d'Émilie. Et Galoche va faire votre bouquetière !

Je vois le visage de notre jeune voisin, Pierre-Luc, devenir aussi rouge qu'une écrevisse.

– T'es pas drôle, Sébas ! rétorque tout de go Émilie, le regard menaçant.

– Moi, je ferais bien votre fille d'honneur, s'amuse Éloïse, la sœur aînée et la comédienne de la famille. Je vais porter ma somptueuse robe de Marie-

Antoinette, que j'ai faite pour ma grande première, demain...

– Laissez parler Émilie! intervient le grand-et-gros-barbu de père de ma Douce. Vous voyez bien qu'elle a quelque chose d'important à nous apprendre.

Je me sens humilié.

Je plonge le museau au creux du bras d'Émilie. Je ne veux surtout pas voir le beau sourire de Marilou, la sous-ministre, quand elle va apprendre la nouvelle.

Ma Douce prend un ton solennel:

– Eh bien, je vous annonce que cet été, durant mes vacances, deux ou trois jours par semaine, je vais faire du bénévolat dans une maison pour personnes âgées en perte d'autonomie. Une animatrice infirmière est passée à notre école et elle a accepté notre candidature. Pierre-Luc et moi, nous allons y faire la lecture aux résidents et plein de petits travaux...

– Pierre-Luc n'est même pas capable de planter un clou sans se retrouver avec un pansement au bout du doigt! commente Monsieur-je-sais-tout, le garnement de la famille.

– Sébas! lance Fabien, impatient. Au lieu de te moquer, tu devrais féliciter ta sœur pour son beau geste.

– Oui, c'est vraiment très généreux de ta part, Émilie, fait remarquer Marilou. Mais, dis-moi, mon chou, qu'est-ce que Galoche vient faire là-dedans?

Je hurle de frayeur dans ma tête: «ELLE ME DONNE!»

– Galoche a passé tous les tests avec grand succès, fait-elle, toute fière. De nous trois, il sera le plus important bénévole!

Je retire ma truffe de sous le bras d'Émilie et lève le museau. Quoi? Ai-je bien compris? Moi, bénévole? Avec Émilie?

Le regard d'Émilie croise le mien. «Une belle surprise, pas vrai?» semble-t-elle me dire.

En moins de temps qu'il n'en faut à un éclair pour transpercer un ciel tout sombre, moi, Galoche, je passe de la torpeur au bonheur total.

«JE RESTE AVEC ÉMILIE... MON AMIE POUR LA VIE!»

– Que va faire Galoche de si important? demande Marilou, dont le ton et l'air révèlent son incapacité viscérale à croire que je puisse être utile à quoi que ce soit.

– Il va laver la vaisselle avec sa grande langue! ironise toujours le même petit comique. Il pourrait aussi vider les assiettes des vieux...

BOUM! Le poing de Fabien vient de tomber sur le bout de la table comme le maillet d'un juge, faisant valser assiettes et ustensiles quelques secondes.

– SÉBAS, crie Fabien, hors de lui, DANS TA CHAMBRE!

– Il va faire de la zoothérapie, madame, répond Pierre-Luc à la mère d'Émilie tandis que Monsieur-je-sais-tout quitte la table, l'air piteux.

– Maman, ajoute Émilie, madame Maryline, l'infirmière, nous a expliqué que certains chiens sont extraordinaires pour tenir compagnie aux personnes âgées et les réconforter. Et Galoche, on le sait maintenant, a vraiment l'étoffe de ces bons chiens: il a franchi avec brio toutes les épreuves qu'on lui a fait passer ce matin.

Tout devient clair dans ma tête: mes deux amis devaient me faire passer tous ces tests pour être bien certains que je puisse jouer mon rôle de *zo-zo-j'sais-pas-quoi*...

W-ouf! Quelle frousse j'ai eue!

Je donne une petite léchée affectueuse dans le cou de ma Douce. Puis, fièrement, je me dis : « Me voilà médecin malgré moi !... Pas pire, quand même ! »

Ce soir-là, allongé près d'Émilie dans son lit, un doute vient freiner mon grand enthousiasme vis-à-vis de mes nouvelles fonctions de chien-*zozothérapeute* quand ma Douce me donne un ou deux conseils :

– Tu vois, mon beau, tu vas devoir être gentil, compréhensif et très patient ; tu dois t'attendre à ce que certaines de ces personnes âgées soient parfois un peu colériques, impatientes ; elles peuvent aussi ne pas te reconnaître, car c'est fréquent qu'elles aient des trous de mémoire, tu saisis ? D'autres ne connaissent pas leur force ou encore peuvent te crier dans les oreilles parce qu'elles sont sourdes et ne se comprennent pas...

À ce moment précis, je fais la sourde oreille et je fais semblant de m'être endormi.

«Finalement, me dis-je, peut-être qu'Émilie et Pierre-Luc auraient mieux fait de choisir un autre *zozothérapeute* que moi?... Comme, par exemple... MARILOU!»

Sur cette bonne blague, je m'endors, un petit sourire au coin des babines.

TOUTOU MALGRÉ MOI

Aujourd'hui, Émilie, Pierre-Luc et moi, nous amorçons notre première journée de bénévolat. Pour ma part, je porte une laisse, comme il se doit.

Tous les trois, nous nous arrêtons un instant devant la porte d'un immeuble. De nombreux travailleurs circulent autour. Certains sont à l'œuvre sur des échafaudages.

– Galoche, voilà la Maison des marguerites, me dit ma Douce.

– En pleines rénovations, on dirait, fait remarquer Pierre-Luc.

Je me sens tout drôle. Je suis content de devenir bénévole et d'aider les personnes âgées, mais je continue d'être angoissé : je ne suis pas encore tout à fait convaincu que je ferai un bon *zozothérapeute*.

– Ah ! Vous voilà ! s'écrie une dame qui émerge de la porte d'entrée et vient à notre rencontre sans me laisser le temps de m'inquiéter davantage. Je vous attendais !

– Madame Maryline ! s'exclame ma Douce, en allant vite serrer la main de l'infirmière dont elle m'a tant chanté les louanges.

Plus qu'une infirmière, cette dame Maryline est un ange, aux dires d'Émilie. Moi, Galoche, je la trouve un peu trop ronde pour qu'elle puisse s'élever dans les airs tels les anges; mais elle semble très sympathique.

– Ah, ah! s'enthousiasme madame Maryline, après avoir salué mes deux collègues bénévoles. Voilà donc Galoche, cette perle rare sur quatre pattes. Émilie, tu m'avais dit qu'il était parfait, ton chien, mais jamais qu'il était beau comme un cœur!

Ma Douce sourit. Je vois maintenant Maryline battre des ailes et, subitement toute légère, flotter très haut dans le ciel: «Un ange, cette Maryline!»

Après quelques douces caresses à mon endroit, elle nous invite à la suivre.

– Ne soyez pas surpris, il y a plein de travaux car la Maison des marguerites se refait une beauté. Entre nous, tout ce remue-ménage n'est pas que pour la beauté, c'est aussi beaucoup pour la sécurité de nos amis qui y habitent.

W-ouf! Je crois que je suis tombé sur une bonne patronne pour mon premier emploi! Rassuré, je leur emboîte la patte et nous pénétrons dans la Maison des marguerites.

Moi, Galoche, je suis... aux anges!

Je vais bientôt me prendre pour... un ange! Je virevolte d'un ami à l'autre dans la salle des chaises berçantes.

– Ah, le beau toutou! Passe-le-moi!

– Qu'il est doux! Tiens, le voilà! Il s'appelle Pétoche.

– Mais nooon! Pas Pétoche! Galoche! Bon, c'est à mon tour! C'est à mon tour! Je veux l'avoir, le toutou! J'adore les toutous! Surtout qu'il a l'air doux, doux, doux comme tout!

Et je quitte les bras d'une bonne vieille dame à la voix rauque pour atterrir sur le coco tout blanc d'un gros bonhomme aux bretelles rouges et ainsi de suite. C'est comme ça depuis que madame Maryline est partie faire le tour du propriétaire avec Émilie et Pierre-Luc, après m'avoir enlevé ma laisse, à mon grand étonnement.

– Mes amis, mes amis..., intervient Sophie, la jeune bénévole à qui m'a confié madame Maryline, ce n'est pas une peluche: c'est un vrai chien.

La voix douce de Sophie ne semble atteindre aucune oreille. En fait, je trouve qu'elle ne met ni autorité ni intensité dans sa requête. Elle semble plutôt indifférente aux comportements extrêmes des amoureux de la chaise berçante et du poil doux.

– Bon, c'est à moi de le caresser ! Donnez-le-moi !

À force de repartir vers l'un, d'atterrir sur une autre et de rebondir encore vers un autre résident, je me sens comme une marguerite en pleine tempête de vent dans un grand champ.

Des rires, des cris de joie, des blagues et plein de commentaires fusent maintenant de partout. C'est la fête ! Pourtant, quand je suis arrivé dans cette salle, il y flottait un silence de mort.

« Faire rire, ce doit être la tâche première d'un *zozothérapeute* », que je me dis, en songeant également qu'il faut vraiment avoir la couenne dure pour exercer ce métier.

Oui, moi, Galoche, je t'avoue que j'avais le cœur gros en me rendant jusqu'à la salle des bereceuses : à plusieurs endroits, j'ai vu des résidents se déplacer à pas de tortue avec un déambulateur pour tenir debout et circuler sans tomber. J'en ai vu d'autres marcher dans un corridor avec une bouteille accrochée tout en haut d'un long support sur roulettes, d'où descendait un tube transparent attaché au bras de la personne. De petites gouttelettes glissaient à l'intérieur du tube.

Mais je suis heureux de constater que ma présence dans la salle enthousiasme tous ces vieillards, qui s'amusent maintenant comme des petits fous. Surtout que lors de mon dernier vol plané, j'ai enlevé la perruque d'une dame. Éclat de rire général, même chez cette personne devenue subitement chauve, qui vient de replacer sa perruque de travers.

Dans un élan de joie – du moins, c'est ainsi que j'interprète son geste –, cette bonne vieille grand-mère me prend entre ses bras et me lance :

– Tu es un amour, mon gros poilu !

Malheureusement, son enthousiasme ne s'arrête pas là. Avant que je puisse faire quoi que ce soit, elle approche de mon visage ses lèvres couvertes d'un épais rouge à lèvres et me donne un baiser sur la truffe.

« Ouache ! »

Aussitôt, je me sens agrippé et je repars de plus belle vers une autre berceuse, qui se balance, elle aussi, à un rythme effréné ; l'homme qui y est assis se met alors à chanter, se croyant sans doute à Noël :

– Mon beau toutou, roi des toutous, que j'aime ta fourrure...

Je ferme les yeux car il m'envoie plein de postillons par la tête tellement il y met d'ardeur. Mon Émilie m'avait averti :

– Galoche, les personnes que nous allons rencontrer te feront parfois penser à des enfants. Mais ce sont des adultes. Ne l'oublie pas !

Elle avait bien raison.

Soudain, j'ai le cœur tout de travers. Je songe : «Pas surprenant, pris comme je suis dans un va-et-vient de chaises berçantes en folie !... Mais pas question de faire un dégât et de risquer de perdre mon emploi dès le premier jour... Et surtout, pas question de décevoir mon Émilie !»

Au moment où je tente de m'extirper des bras du vieux monsieur et de sauter en bas de la chaise, je me sens soulevé dans les airs.

– Bravo, mon beau !

Je me retrouve dans les bras de madame Maryline, de retour, qui me remet la laisse autour du cou.

– J'ai l'impression que tu viens de passer ton initiation avec succès.

– Ça, oui, madame Maryline! confirme Sophie, la jeune bénévole, qui lance un clin d'œil à sa patronne.

Le mouvement des chaises s'arrête sec. Les résidents aux cheveux blancs se mettent à applaudir, tout sourire, en me regardant d'un air taquin.

Je suis renversé en les entendant s'exprimer à tour de rôle:

– C'est vrai, madame Maryline, ce chien est une perle rare!

– Il n'a pas bronché une seule seconde.

– Aucun signe d'impatience.

– Aucune tentative de mordre.

– Un amour! renchérit la dame qui a maintenant remis sa perruque parfaitement.

– Vous pouvez le laisser aller dans n'importe quelle chambre.

Je reste gueule bée. Et je comprends pourquoi la coquine madame Maryline avait enlevé la laisse de mon cou avant de me laisser seul avec tout ce beau monde. Tout était planifié !

– Eh bien, Galoche, conclut madame Maryline d'une voix enjouée, tu as conquis notre comité d'accueil comme jamais aucun autre animal ne l'a réussi auparavant. Je te souhaite officiellement la bienvenue à la Maison des marguerites !

W-ouf !... Quelle fierté de penser que je suis définitivement accepté au rang prestigieux de *zozothérapeute* !

Une seule ombre au tableau : j'aurais bien aimé que mon Émilie et Pierre-Luc assistent à ma nomination. Comme si ma nouvelle patronne lisait dans mes pensées, à l'instar d'Émilie, elle ajoute aussitôt :

– Ne t'en fais pas, Galoche, tes deux amis sont déjà au travail, à la cafétéria ; ils lavent la vaisselle.

Je ne peux m'empêcher de penser à Sébastien. Si Monsieur-je-sais-tout savait ça, il se moquerait d'eux pendant longtemps ! Je souris dans ma barbichette en me remémorant qu'il me voyait justement en train de laver la vaisselle avec ma grande langue, à la Maison des marguerites !

– Viens, Galoche, j'ai deux résidents à qui j'ai bien hâte de te présenter et qui devraient beaucoup apprécier ta présence...

Oh ! Il semble bien qu'aucun bénévole ne chôme longtemps, ici.

Nous longeons un ixième corridor.

« Je crois que je vais devoir emprunter le GPS du père d'Émilie si je ne veux pas me perdre au boulot... »

Complètement désorienté, je tente de m'amuser au lieu de paniquer en observant tous ces dédales.

Mais, pire encore, tous les planchers sont cirés et glissants ; j'avance donc avec prudence, n'ayant aucunement l'intention de me retrouver les quatre pattes en l'air sous les yeux de ma patronne.

– GRÉPETTE DE GRÉPETTE, EN VOITURE ! crie une voix aussi stridente qu'une sirène. TCHOU ! TCHOU !

– Attention, Galoche ! s'écrie madame Maryline en tirant brusquement sur la laisse pour me faire stopper *subito presto*.

Heureusement, car la chaise roulante d'une vieille dame passe à deux poils de me frapper.

W-ouf!

– C'est madame Via Trail! me confie ma patronne, comme si elle parlait à un humain – ce qui m'enchante, il va sans dire. C'est l'une de nos plus anciennes résidentes. Il faut s'en méfier : elle joue constamment au train avec sa chaise, bien qu'on le lui défende.

Mon instinct me dit que cette bizarre madame Via Trail ne fera jamais partie d'aucun comité d'accueil!

– Certains de nos amis n'en sont pas moins coquins parce qu'ils sont malades. Il faut toujours se surveiller. Mais c'est la seule petite fantaisie que madame Via Trail se permet.

Nous poursuivons notre route.

Madame Maryline me fait entrer dans une chambre. Sur la porte, il y a la photo d'une jolie dame au sourire radieux. Je retrouve cette même personne, couchée dans son lit, en plein après-midi, comme bien d'autres résidents que j'ai vus en jetant un coup d'œil par les portes entrouvertes. Ses traits sont tirés, mais elle est toujours aussi belle. Je trouve ça vraiment triste que ces personnes ne puissent même pas aller se promener dehors, entendre les oiseaux et sentir la petite brise d'été que j'ai ressentie ce matin, en m'en venant ici.

– Bonjour, madame Klaxton, lance madame Maryline, en me déposant près de la dame après m'avoir retiré la laisse. Je vous amène de la visite : un beau chien. Il s'appelle Galoche. Il va souvent venir vous tenir compagnie durant la semaine. Regardez comme il est mignon ! Il est très gentil, en plus.

La dame se redresse dans son lit avec l'aide de l'infirmière.

– Salut, Galoche ! marmonne-t-elle d'une voix enrouée. C'est vrai que tu es beau, toi. Et tellement doux...

De petites étincelles dansent dans les yeux de la dame. Comme par magie, un grand sourire se dessine sur son visage. Je voudrais sauter de joie, mais je me contente de ne pas bouger pour ne pas la bousculer et surtout ne pas l'empêcher de continuer à glisser sa main dans ma fourrure.

« Aooooouh ! » Mon cœur fait un triple saut de joie dans ma poitrine. Et je n'exagère pas, juré, jappé !

Je crois que je viens de comprendre la tâche d'un vrai *zozothérapeute*. Et, sur-le-champ, moi, Galoche, je me fais la promesse de tout faire à la Maison des marguerites pour voir scintiller dans le regard du plus grand nombre possible de résidents ces petites étincelles que je viens d'apercevoir dans les yeux de madame Ka... Kra... Klaxon!

– Maryline, j'aimerais avoir un peu d'eau fraîche, s'il vous plaît.

– Tout de suite, madame Klaxton.

«KLAXTON! KLAXTON! KLAXTON!... que je me répète dans ma tête, pour ne plus jamais l'affubler du nom de KLAXON. Une chance qu'elle ne peut m'entendre penser, misère à poil!»

– Tiens, tiens, Gaboche, vite, vite, mange ça!

Madame Ka... euh... la dame dans le lit... m'enfonce deux doigts dans la gorge. «Aïe!»

Aussitôt, je sens une odeur d'amandes grillées et du chocolat fond dans ma bouche... HUMMMM!...

– Vite, mange-le avant que Maryline revienne de la toilette, me lance ma nouvelle amie, qui s'empresse de cacher une petite boîte sous son oreiller. Je n'ai pas le droit. Je vais me faire chicaner si elle découvre mes chocolats.

– Tenez, madame Klaxton.

« Gloups ! » Je déglutis et avale d'un trait mon trésor chocolaté.

– J'ai mis de l'eau fraîche dans votre pot.

L'instant suivant, notre infirmière retourne dans la salle de bain pour aller laver le verre qui se trouvait sur la table de chevet de madame... euh... « Aïe ! » Et vlan ! Un autre chocolat tombe dans ma gueule.

– C'est le meilleur, celui-là ! s'enthousiasme mon amie alitée. Goûte, goûte, Taloche, tu vas voir !

– Hrrummmmmmmm !

Ce spécimen est tellement savoureux que je ne peux m'empêcher de grogner de plaisir.

– Je te l'avais dit que c'était bon, hein ?... Oh, attention !

Je me ferme la gueule en vitesse tandis que madame Maryline, déjà de retour, verse de l'eau dans le verre qu'elle a lavé.

– Tenez, madame Klaxton : de la bonne eau fraîche pour vous !

Humhumhumhum... Moi, Galoche, je voudrais mourir ! Mes crocs sont restés pris dans le caramel. Et pas moyen de les décoller malgré ma grande langue qui ne cesse de jouer à la pelle mécanique derrière mes babines, que je m'efforce de garder bien serrées.

– Dites-moi, madame Klaxton, fait Maryline, en levant le nez et en respirant à pleines narines, vous ne sentez pas une odeur de chocolat, vous ?

– Une... une odeur de chocolat? balbutie ma compagne.

J'ai la gorge nouée. Si je suis pris en flagrant délit, je pourrais me retrouver dans le pétrin, seul à la maison pour le reste de l'été. J'enfouis tout de go ma gueule et mon museau sous l'oreiller près de moi.

– Euh! non, non, je ne sens rien, fait ma nouvelle amie, en reniflant très fort.

– Ah!... insiste Maryline. C'est drôle, j'aurais cru...

– C'est... c'est peut-être le concierge! suggère ma complice, alors que je commence à étouffer, sous l'oreiller.

– Le concierge?... s'étonne notre infirmière.

– Euh, oui! soutient ma compagne, que je sens très mal à l'aise. Euh... Ah! Bonjour, Matt!

Du coin de l'œil, je vois un jeune garçon s'avancer dans la chambre. Son entrée subite nous tire d'embarras, madame Ka... Kra... et moi !

– Ah, bonjour, Matthew ! lance Maryline.

Enfin, je prends une grande inspiration à l'air libre et m'empresse de mastiquer mon chocolat.

– Euh... bon-bonjour ! Euh... je vais en bas me chercher un sandwich et je reviens, ma tante, fait le jeune, qui semble importuné par la présence de Maryline et la mienne, au point de déguerpir aussi vite qu'il est arrivé.

– Faut lui pardonner, intervient ma bonne amie à la dent sucrée, qui semble très heureuse de savoir que son jeune neveu est venu la voir. Il est un peu timide.

– Bon, eh bien, moi, je dois vous reprendre notre beau Galoche et lui présenter un autre résident. Mais il reviendra vous voir demain, madame Klaxton, ne vous en faites pas.

– J'y compte bien, dit cette dernière, en me lançant un petit sourire complice.

« Gloup ! » Le tout dernier restant de fondant au caramel chocolaté vient de me caresser le fond du *gorgoton*. « W-ouf ! » Soulagé, je me laisse prendre par ma patronne, qui me regarde d'une façon étrange.

– C'est drôle, hein, Galoche, mais je sens encore une bonne odeur de caramel flotter dans les airs...

Je prends mon air le plus innocent possible et braque les yeux au plafond comme si j'y cherchais une mouche.

Puis, sans trop savoir pourquoi, je me sens soudain euphorique, fou de joie. J'ai l'impression que ce sont les étincelles de bonheur que j'ai vues scintiller, tantôt, dans les yeux de madame Ka... Kra... euh ! la dame dont je m'occupe, qui me rendent heureux comme jamais !

Un éclair de génie me traverse l'esprit, à cet instant précis. « Fini, le problème avec son nom ! Je vais l'appeler... MADAME CHOCOLAT ! »

Je suis Maryline qui se dirige vers une nouvelle chambre.

– GRÉPETTE DE GRÉPETTE, EN VOITURE !...

– Attention, Galo... !

Je bloque mes deux coussinets avant et freine *net-frette-sec*.

ZOOOOOM !

– DING ! DING ! DING !

W-ouf ! Le train « madame Via Trail » vient de me passer à un poil du museau. J'en ai encore la truffe qui frétille comme un ver au bout d'un hameçon qu'une grosse barbotte a raté ! Et j'exagère à peine !

On dirait vraiment que cette vieille dame me court après, misère à poil !

Depuis un bon moment, je suis dans les bras de monsieur Béland. «Un tout nouveau résident...», m'a confié madame Maryline.

Ce dernier est assis dans un immense fauteuil près d'une large fenêtre. Il n'a pas cessé de me caresser. Pour mon plus grand malheur, il a une façon bien spéciale de le faire : il ne fait qu'effleurer mon occiput – mon coco, si tu préfères – puis il promène le bout de ses longs doigts noueux sur mon front, les fait descendre comme une araignée à trois pattes entre mes yeux, les promènent tout le long de mon museau et donne une pichenette sur ma truffe avant de remonter sa main et de recommencer le même parcours...

« Aooooouh ! »

Je suis en train de devenir fou car, chaque fois, c'est un supplice épouvantable : **IL ME CHATOUILLE !** C'est horrible. Mais comme je veux épater Maryline, je me concentre deux fois plus fort et, jusqu'à maintenant du moins, j'ai réussi à ne pas broncher et à ne pas bouger d'un poil sur les genoux de monsieur Béland.

Il y a plein de livres dans sa chambre, mais pas un seul chocolat!

– Il est vraiment gentil, ce chien, pas vrai, monsieur Béland? demande Maryline. Il s'appelle Galoche. Et il va venir vous tenir compagnie souvent.

– Oui, il est très agréable, ce toutou. Mais je dois m'habiller: Marie-Chantal m'attend sûrement à la maison. Il faut que j'aille la rejoindre sans tarder.

Monsieur Béland se lève. Je plonge alors vers le tapis tandis que Maryline s'approche aussitôt et le retient dans son fauteuil, en lui parlant d'une voix douce, douce, douce.

– Monsieur Béland, votre femme n'est plus avec nous, malheureusement. Elle est décédée. Mais ne vous inquiétez pas. Ici, vous êtes à la Maison des marguerites…

Je me surprends à rêver que Marilou, la mère d'Émilie, me parle avec autant de gentillesse et d'attention que le fait notre amie l'infirmière en ce moment envers monsieur Béland.

– Nous allons prendre bien soin de vous, ici. Vous allez vous faire beaucoup de bons amis, je vous le promets.

Moi, Galoche, je sens que monsieur Béland n'écoute pas vraiment les propos de Maryline. Il s'est rassis au fond de son fauteuil et semble perdu dans ses pensées.

Soudain, on frappe deux petits coups sur la porte légèrement entrebâillée.

– Ah, Émilie, Pierre-Luc! fait notre infirmière, toute contente. Entrez, entrez!

Mes deux collègues bénévoles sourient et s'avancent.

«Leur corvée de vaisselle ne semble pas les avoir trop *maganés*!» que je me surprends à rigoler.

Aussitôt, Maryline présente mes deux complices à monsieur Béland.

– Chaque semaine, Émilie ou Pierre-Luc viendront vous faire la lecture tandis que vous pourrez caresser Galoche autant que vous le souhaiterez.

« Aooooouhhh ! Que de belles heures à me faire chatouiller !... »

🐾

Je suis encore sous le choc de cette éprouvante mission qui m'attend. J'ai à peine mis le bout de la patte hors de la chambre de monsieur Béland que deux mains m'agrippent... et me voilà, moi, Galoche, en pleine randonnée dans le corridor.

– GRÉPETTE DE GRÉPETTE ! EN VOITURE, MON PITOU !... TCHOU ! TCHOU !

Madame Via Trail crie à pleine voix. Elle a finalement réussi à m'accrocher. Excitée et fière de son coup, elle fait tourner son engin à plein régime, en poussant elle-même les deux grandes roues de sa chaise avec ses bras. Et le pire, c'est qu'elle conduit... TOUT CROCHE!

Je claque des crocs et je ne fais plus le beau, foi de Galoche!

Il m'est impossible de japper ou de hurler pour signaler ma détresse, car je pourrais traumatiser certains résidents très malades avec mes aboiements et créer une vraie terreur dans la maison. Ce qui équivaudrait également à mon renvoi instantané.

– TIENS-TOI BIEN LES OREILLES, MON PITOU!... me suggère madame Via Trail.

Déterminé à sauver ma nouvelle occupation de bénévole, je me fais mou comme de la guenille pour amortir le choc d'une chute inévitable. Puis, je serre bien fort les babines pour ne pas japper.

– C'EST PARTI!... DING! DING! DING!

Je me suis rarement senti aussi angoissé; j'en ai la fourrure toute frémissante.

Je suis certain de me casser la gueule d'ici quelques secondes en fonçant dans un mur, une porte, un autre train sur deux roues, les chariots de collations, de livres ou de médicaments que j'ai aperçus plus tôt.

Ma peur est si grande que je me surprends à faire une promesse insensée: «*Moi, Galoche, je ne dirai plus jamais de mal de Marilou si je sors vivant de ce pétrin!*»

🐾

– TEEEEERMINUS! Tout le monde descend!

Madame Via Trail arrête son engin sur deux roues tout en douceur, comme un vrai train, et attend gentiment que j'en descende.

– TOURLOU, MON PITOU!

Je n'ai jamais eu l'air aussi nono. Je saute en bas. Madame Via Trail soulève son petit chapeau bleu marine et me salue, avec un beau sourire tout noir, qui me laisse gueule bée.

«Misère à poil! Elle n'a plus une seule dent! Un vrai trou noir!»

W-ouf! Que d'émotions fortes pour une première journée de bénévolat! Et ce n'était même pas terminé... La plus grande émotion était à venir.

🐾

Après ma jolie balade en train sur deux roues, je retourne vers la chambre de monsieur Béland.

En passant devant la porte à peine ouverte de madame Chocolat, mon attention est attirée par des bruits. Intrigué, je me passe la tête dans l'entrebâillement.

Horreur! Ce que je vois me glace la truffe, d'un coup. Matthew, le neveu de madame Chocolat, est en train de voler de l'argent dans la sacoche de sa tante, qui s'est endormie dans son lit. «Le misérable!» Moi, Galoche, je savais les humains capables de faire bien des méchancetés, mais quelque chose d'aussi épouvantable, ça non!

Je m'avance et me rapproche du bureau où se trouve Matthew.

– Grrrr...

Je ne peux m'empêcher de pousser quelques sourds grognements. Je me calme aussitôt: je ne veux pas réveiller madame Chocolat en lui faisant peur. Et je veux encore moins qu'elle aperçoive son neveu en train de lui voler des sous:

elle en souffrirait énormément, j'en suis persuadé.

Mais le petit comique, lui, m'a entendu grogner. Il dépose la sacoche en vitesse et se précipite vers la sortie, en gardant dans ses mains quelques pièces de monnaie et un billet.

«Ah, le petit sacripant!»

Je suis offusqué. Je décide de lui courir après et de lui mordre le fond de culotte devant tout le monde, dès que je l'aurai rejoint dans le corridor.

Je suis sur le point de bondir pour rattraper Matthew quand j'entends des paroles, derrière moi, qui me clouent sur place :

– Non, non, Galoche, reste ici. Ne grogne pas. Ce n'est pas grave.

Je me retourne. Madame Chocolat, couchée sur le côté, fixe sur moi ses beaux yeux.

– Je sais bien qu'il me vole un peu d'argent, mon Matthew. Mais il est gentil et c'est le seul membre de ma famille qui vient me tenir compagnie. Sans lui, je n'aurais jamais de visite, Galoche. Et puis, je laisse seulement quelques dollars dans ma sacoche.

Madame Chocolat referme les yeux et fait semblant de se rendormir, en ajoutant ces quelques mots :

– Merci, mon bon chien, de lui pardonner.

Je dois l'avouer : je suis amoureux fou de madame Chocolat !

🐾

– Et puis ? Est-ce que Galoche a bien joué son rôle de bénévole en faisant le nono toute la journée pour faire rire tous les vieux de la Maison des pissenlits ? demande Sébastien, à la table, au tout début du souper.

Fabien étant parti jouer de la musique avec son frère jumeau Ricardo, comme tous les mardis soir, Émilie et moi jetons un coup d'œil en direction de Marilou, sa mère. Va-t-elle rabrouer le roi des zozos sur terre?

Aucune réaction de la part de Marilou. Elle continue de manger ses nouilles vietnamiennes comme si de rien n'était. «Ah! la Maril... AOOOOUHHH!»

Une promesse, c'est une promesse, et moi, Galoche, je suis un chien de parole, comme tu sais. Alors, non, tu ne liras pas de méchancetés écrites par moi sur Marilou dans ce roman.

– T'es pas fine, maman, de laisser Sébas insulter Galoche de la sorte alors qu'il a été extraordinaire, aujourd'hui!

Ah, ah! Moi, Galoche, je n'ai jamais promis que, dorénavant, ma Douce ne dirait que de bons mots sur sa maman dans mes romans!

Puis, le regard aussi menaçant que celui d'une panthère, ma Douce lance à son frère:

–Toi, Sébas, si tu te moques encore une fois de la Maison des marguerites en parlant de « pissenlits », je ramasse une poche pleine de pissenlits et je te les fais manger un par un!

Bravo, Émilie!

HÉROS MALGRÉ MOI

– Rrrron!... Grrrfff! Rrrron!... Grrrfff!

Madame Chocolat s'est endormie dans son lit alors que j'étais dans ses bras.

– Rrrron!... Grrrfff! Grrrfff!... RRRRRRRoarrrr!

Chaque ronflement de madame Chocolat est de plus en plus assourdissant. J'ai les oreilles en compote. Le moral aussi...

Pourtant, je suis ravi de ma vie de bénévole. Depuis trois semaines, j'ai reçu des centaines et des centaines de caresses et de becs sur la truffe; j'ai fait des dizaines et des dizaines de promenades dans les corridors avec presque tous les résidents de la Maison des marguerites; j'ai été remercié pour mon bon travail par des milliers de rires, de sourires et de regards brillants.

J'adore mon travail de *zozothérapeute* et je crois que je le fais de mieux en mieux.

Cependant, j'ai les oreilles et la queue basses ces temps-ci. Je suis mort de fatigue. Pas la même fatigue que Pierre-Luc et mon Émilie, qui font plein de travaux et se disent lessivés à la fin de chaque journée. NON! Ce qui me coupe les pattes et brise mon entrain, je vais te le dire, à toi, mon fidèle ami lecteur...

Ce sont ces tristes secrets que me confient beaucoup de résidents en me berçant, et particulièrement quand ils me parlent de la perte d'une amoureuse ou d'un amoureux avec qui ils ont vécu de très nombreuses années.

Ce sont également ces larmes, qui coulent et coulent jusque dans ma fourrure, pendant que plusieurs d'entre eux me disent à quel point ils ont de la peine de ne plus voir leur famille et leurs amis qui trouvent toutes sortes de bonnes raisons pour ne pas venir les visiter.

Je m'arrête avant de trop te décourager devant tant de désespoir.

Je dois cependant souligner qu'il y a aussi plein de moments joyeux à la Maison des marguerites et que les résidents sont souvent bien plus rigolos que les Meloche, ça oui!

Non, non, non, ne t'inquiète pas: le bouffon que je suis ne laissera pas tomber toutes ces bonnes personnes. Oui, oui, oui, je vais continuer à les faire rire.

– Rrrron!... Grrrfff! Grrrfff! RRRRRRRoarrrr!

Mais pour l'instant, je dois me dégager de l'emprise de madame Chocolat sans la réveiller; sinon, dans quelques minutes, avec ses fameux ronflements, je vais devenir sourd comme un pot!

🐾

Avec l'agilité d'un lézard, je me suis enfin libéré des bras de madame Chocolat sans la sortir de son sommeil. Durant ma délicate manœuvre, elle n'a émis que quelques brefs cris étranges: on aurait dit des couinements de petit cochon de lait. J'ai bien rigolé mais, surtout, je me suis dépêché de me laisser glisser doucement en bas du lit.

Sachant que la durée de la sieste de ma bonne amie est toujours très longue, je décide sur-le-champ que je peux me permettre, pour une fois, d'aller prendre une pause eau-biscuits bien méritée. J'en ai bien besoin!

Pour ce faire, je dois d'abord trouver Émilie ou encore Pierre-Luc.

Le museau et les oreilles au garde-à-vous, je sors doucement la tête de la chambre et m'assure d'abord de l'absence de madame Via Trail dans le corridor. Puis, rassuré, je décide de prendre la direction de la cafétéria, où j'ai le plus de chances de trouver mes amis, qui y travaillent souvent.

Chemin trottinant, je songe à Émilie et à Pierre-Luc et me remémore les propos qu'ils tiennent à la fin de chaque journée de bénévolat, lors de notre retour à la maison. Ils me décrivent à tour de rôle les nombreux et durs travaux qu'ils ont accomplis : lecture, nettoyage, balayage, vaisselle, bricolage, animation et j'en passe. Deux vrais **héros** effacés! Je les admire beaucoup; après tout, moi, je ne fais qu'écouter et me laisser caresser.

Soudain, alors que j'approche enfin de la cafétéria, mon attention est attirée par deux voix familières. Je m'arrête. Silence. Je m'engage aussitôt vers la petite salle dont la porte est à moitié ouverte et d'où proviennent les voix. Je me glisse à l'intérieur sur le bout des coussinets et... QUE VOIS-JE?

– Wouf!

– Galoche?... s'exclame Émilie, en se levant d'un bond du petit sofa à deux places, laissant en plan notre ami Pierre-Luc, dont les lèvres bécotent maintenant le vide comme un poisson rouge le bord de son bocal. Qu'est-ce que tu fais ici?

«Deux vrais **tourtereaux** effacés!» que je m'amuse, en me disant que je devrais ajouter le bécotage à leur longue liste de travaux épuisants...

– On... on... on fait une pause, baragouine Pierre-Luc, qui se tortille sur le sofa comme une sardine.

Le visage de ma Douce a pris la couleur d'une tomate bien mûre prête à éclater. Elle me demande, sur un ton qui me rappelle celui de Marilou:

– Tu ne devrais pas être avec madame Klaxton, toi?

W-ouf! Je comprends *subito presto* que la présence du *zozothérapeute* n'est pas souhaitée dans cette salle de repos.

Quant à ma pause eau-biscuits, c'est fini, mon kiki!

– Ouais! renchérit une autre voix derrière moi. On a laissé madame Klaxton seule, à ce que je vois!

Aïe! Aïe! Aïe! Madame Maryline!... Mon chat est mort!

Et pourtant, non, mon chat n'était pas mort... bien au contraire!

Moi, Galoche, je demeure le bon toutou de la Maison des marguerites. Je dirais même plus : je suis le chouchou de madame Maryline !

Imagine : elle m'a à peine grondé d'avoir laissé madame Chocolat seule un moment. Et, par surcroît, elle l'a fait seulement après qu'Émilie et Pierre-Luc soient retournés à leur travail, comme si elle n'avait pas voulu m'humilier devant eux.

– On oublie tout, mais tu me promets, Galoche, de ne plus jamais me refaire ce coup ?

Je lui ai lancé un regard rempli de remords et... c'est tout. Tout, tout, tout ! Elle m'a cru sur ce regard ! Vraiment formidable, cette Maryline !

– Viens, suis-moi, mon beau, me dit-elle gentiment en me passant la laisse au cou, il y a monsieur Béland qui t'attend pour te faire faire une promenade.

J'écarquille les yeux.

– Oui, oui! renchérit-elle en voyant mon étonnement. Il s'est même habillé et mis sur son trente-six pour l'événement. Un vrai miracle!

Voilà pourquoi le bon toutou de la Maison des marguerites déambule présentement dans le corridor principal en compagnie de monsieur Béland. Ce dernier, grand et impressionnant, est vêtu élégamment, comme un homme d'affaires.

Comme tous les regards sont braqués sur nous, je ne manque pas de jouer la vedette montante. Moi, Galoche, je garde la tête très haute et je marche avec la fierté d'un paon. «Ahhh, que c'est bon de se sentir aussi aimé et important!»

Et pourtant...

– GRÉPETTE DE GRÉPETTE! TCHOU! TCHOU!...

«Ah non! Pas encore elle!»

À la vue de madame Via Trail en train de tourner un coin de corridor, tous les poils de ma fourrure se hérissent comme des pics. Passer de paon à porc-épic en quelques secondes, ce n'est pas très réjouissant, foi de Galoche! Va-t-elle encore m'accrocher par le chignon devant tout le monde?

Mon image de vedette montante vient de perdre quelques plumes, j'en ai bien peur.

Et pourtant...

– STOP!... lance brusquement monsieur Béland, de sa voix grave et imposante, en levant la main très haut.

L'engin de madame Via Trail s'arrête net.

– Allez, mes amis, tout le monde dans sa chambre! poursuit-il avec autorité. La récré est terminée!

Je suis stupéfait. Tous disparaissent autour de moi ; même madame Via Trail prend la poudre d'escampette, en lançant quelques « Grépette de grépette ! »

Je suis stupéfait que tous lui obéissent ainsi. Il me vient une explication... « À cause de son habillement très chic, les résidents n'ont pas reconnu notre ami et l'ont pris pour un médecin ou pour le directeur de la maison. »

Pourtant, j'ai soudain un doute. Je me laisse guider par mon instinct et me retourne rapidement ; je vois, derrière monsieur Béland, Maryline, qui agite ses mains dans les airs, faisant signe à tous de quitter le corridor. Tout s'éclaire dans mon esprit !

Monsieur Béland se penche vers moi et me lance :

– Viens, mon beau, on va faire un petit tour ensemble.

Je jette un dernier coup d'œil vers l'infirmière qui, sourire aux lèvres, fait un geste de la main dans ma direction. C'est ainsi qu'avec la bénédiction de madame Maryline, mon bon ami et moi, nous poursuivons notre promenade dans le grand corridor.

Fier, je me remémore les paroles de madame Maryline un peu plus tôt:

– Il faut qu'il t'aime beaucoup, Galoche, pour nous demander de faire une promenade avec toi et s'habiller ainsi! Il ne veut jamais participer à rien... Chapeau, mon beau!

J'ajuste mon *empattée* au pas de monsieur Béland et je me dis, en bon *zozothérapeute*: «Un autre petit moment de pur bonheur à savourer!...»

Et pourtant...

Depuis un moment, je ne sais trop pourquoi, nous faisons du surplace, tout près de la salle des chaises berçantes. Je flaire quelque chose d'étrange dans l'attitude de monsieur Béland, qui vient de se mettre des lunettes de soleil sur le bout du nez et qui regarde sans cesse autour.

Je tente de me raisonner : « Galoche, tu t'énerves encore pour rien. Monsieur Béland n'est pas un voleur. Que veux-tu qu'il fasse de dangereux ici ? »

Et pourtant...

Avant même que je puisse repousser cette angoisse soudaine... Aïe !... Mon ami tire la laisse d'un coup sec et m'entraîne avec lui. « Ah, misère à poil ! »

Tout à coup, je prends conscience que la salle des berceuses fait face à l'ascenseur, que deux visiteurs viennent de quitter.

– Suis-moi, mon beau ! fait monsieur Béland, en se glissant à toute vitesse entre les portes qui se referment.

Maryline nous a expliqué que quiconque veut utiliser l'ascenseur doit entrer un code, inconnu des résidents plus malades qui ne doivent pas quitter l'étage sans permission.

– Wouf! que je laisse échapper, habité par un remords immense de m'être ainsi laissé prendre à ce jeu.

– Chut! ordonne monsieur Béland.

Je me calme en songeant qu'il est impossible de sortir de la bâtisse sans un code également.

« Cette fois, il ne pourra pas passer. En plus, il y a toujours du monde dans le hall d'entrée. »

Bien que rassuré, j'ai le cœur qui palpite un peu vite. Mais voilà qu'il s'affole alors que les portes glissent devant mon museau et exposent les travaux en cours dans le hall.

Je suis monsieur Béland qui s'avance dans ce couloir sombre que j'ai emprunté ce matin, avec Émilie et Pierre-Luc. Nous contournons plein d'échafaudages. Je sens de bonnes odeurs de bois frais coupé. Nous apercevons trois ouvriers assis dans un coin sur d'immenses chaudières renversées.

– Salut, messieurs! lance gaiement monsieur Béland.

Tout près d'un plateau de sciage et de gros outils, les ouvriers sont en train de manger. À quelques mètres d'eux, j'aperçois le grand portique temporaire fait de planches de bois avec quelques marches à monter.

– Bon dîner à vous trois! ajoute monsieur Béland.

– Merci, m'sieur! répondent-ils en chœur.

Je réalise que ces ouvriers ne sont pas conscients qu'ils s'adressent à un résident, un homme malade.

– Atchoum! Atchoum!...

Impossible de me retenir plus long-temps avec ces minuscules particules de bois qui flottent dans l'air et qui m'agacent les narines depuis ma sortie de l'ascenseur. J'éternue à n'en plus finir.

– Ah! Mon chien est allergique à la poussière et au bran de scie, je crois...

Tout le monde rit. Mon faux maître demande:

– Vos travaux vont bon train, à ce que je vois?

– Oui, mais on en a encore pour une grosse semaine, m'sieur.

– Ah ouais! Au moins!

– On a bien hâte que tout soit terminé, j'avoue, lance monsieur Béland, comme s'il était le directeur de l'établissement.

Et mon surprenant ami ajoute aussitôt, comme si c'était anodin:

– Je pensais pouvoir sortir ce bon chien par ici. Il fait de la zoothérapie pour les résidents, mais ça ne l'empêche pas d'avoir des… besoins naturels, vous comprenez?

D'autres rires jaillissent.

Moi, je ne ris plus du tout, du tout, du tout. Je commence sérieusement à avoir des doutes: monsieur Béland ne s'est pas habillé pour me faire plaisir. Et je gagerais ma niche que la tête de ce dernier comporte davantage de plans que de trous de mémoire en ce moment.

– Wouf! Wouf!

– Ça a vraiment l'air urgent, pour votre chien, dit un des ouvriers sur un ton badin.

– Oui, je crois que ça presse! renchérit le rusé monsieur Béland.

– Wouf! Wouf! Wouf! Wouf!

Je me mets à japper comme un déchaîné. J'y mets tous les trémolos possibles. Mais en vain! Par malchance, personne d'autre ne se pointe le bout du nez et aucun des ouvriers ne semble comprendre la situation critique ou détecter mes messages de détresse.

– On peut sortir par ce portique?

– Oui, oui, vous pouvez sortir par là, m'sieur! fait un autre membre du trio en pointant l'abri temporaire qu'ils ont construit avant de mordre férocement dans son sandwich.

– Faites juste attention, dehors, le prévient le troisième ouvrier, la marche temporaire est un peu haute.

– Viens, vite, mon gros toutou! ordonne monsieur Béland.

J'ai l'estomac dans la queue et le cœur dans la gorge.

Pas question de laisser monsieur Béland aller dehors!

Je m'assois et résiste du mieux que je peux. Je ne fais pas le poids; monsieur Béland tire tellement fort sur la laisse que je bondis vers l'avant. Je lance des regards menaçants vers les ouvriers : «Ouvrez-vous les yeux, bande d'idiots ! C'est un résident ! Il va se sauver ! Aïïïïïïïie ! Réveillez-vous !... Wouf ! Wouf ! Wouf !... »

J'ai presque la gorge en feu quand j'entends un des trois nonos crier à monsieur Béland, déjà dehors, tout en haut du petit escalier sur lequel j'ai toujours les pattes de devant bien appuyées :

– D'après moi, m'sieur, votre chien a bien plus envie de manger mon sandwich que d'aller pisser !

– Ha, ha, ha ! rigolent ses deux comparses.

« Ha, ha, ha... ce qu'ils peuvent être idiots, ces humains ! »

Je finis par lâcher prise et sortir de la Maison des marguerites, en me répétant : « Attention, Galoche, ton monsieur Béland, lui, n'est pas idiot du tout ! Il est malade, mais pas fou. Tu vas devoir faire appel à tous tes talents canins pour le ramener sain et sauf au bercail ! Vigilance ! Vigilance ! »

Moi, Galoche, je suis à bout de nerfs et de souffle.

– Mon beau Galoche, j'ai bien hâte de te présenter Marie-Chantal !

Depuis une heure, je sers de bouclier canin à monsieur Béland. Ce dernier semble se prendre pour un fantôme. Il traverse les rues sans se préoccuper des automobiles. Si je n'étais pas là pour stopper tout ce qui bouge autour de lui ou encore avertir les autres de son passage, il y a longtemps qu'il se serait fait frapper par une automobile ou un passant. Il ne voit rien autour de lui. Il n'a que sa femme dans la tête.

– Tu vas voir, elle est douce et gentille. Tu sais, Galoche, Marie-Chantal est unique.

Je suis désespéré, mais j'essaie de m'encourager: «Heureusement que je n'ai pas suivi mon idée première de retourner seul à la Maison des marguerites pour signaler sa disparition: il serait déjà mort!»

– Galoche, je vais lui dire de te prendre dans ses bras; se retrouver dans les bras de Marie-Chantal, c'est comme flotter dans le ciel...

Pour le moment, il n'est pas question que je flotte dans le ciel; moi, Galoche, je tente juste de garder les quatre pattes sur terre... et de garder mes yeux sur tout ce qui pourrait percuter mon ami et lui faire retrouver sa femme au pays mystérieux des humains morts.

– Ah… voilà notre maison! s'enthou-siasme soudain monsieur Béland, qui emprunte un petit sentier menant à la porte d'entrée d'un joli bungalow.

«W-ouf! Enfin, un peu de répit!»

Libre d'aller où je veux maintenant qu'il a laissé tomber ma laisse, je reste un peu en retrait, juste derrière lui, la langue et les oreilles à terre. Et j'attends…

En fait, je m'attends au pire depuis que monsieur Béland tente en vain d'ouvrir la porte en tournant la poignée sans arrêt.

Soudain, la porte s'ouvre.

– Oui, monsieur? fait une dame qui a les cheveux en broussaille et un air préoccupé.

– Bonjour, madame! Euh… vous êtes qui, au juste?

– Pardon?

Je me désole : « Le pire est sur le point de se produire ! »

– Madame, vous êtes dans ma maison, voyez-vous !

– PARDON ?

– Voudriez-vous dire à Marie-Chantal que son mari est de retour ? Edmond ! Edmond Béland !... Je l'attends.

– Mais il n'y a pas de Marie-Chantal ici, monsieur ! Et ici, c'est MA maison ! Et moi, j'ai du boulot en masse qui m'attend.

La mort dans l'âme, moi, Galoche, j'assiste à la scène, impuissant, incapable d'expliquer à cette dame que monsieur Béland est malade et croit toujours dur comme fer que sa femme est vivante et que cette maison est la sienne.

BOUM !

La porte s'est refermée.

Je lève les yeux vers mon ami. Je reconnais ce regard hagard. « Ah non !

Il est retourné dans ses pensées... Galoche, Galoche, Galoche! Tu dois trouver une solution pour le ramener à la Maison des marguerites!»

N'ayant pas la moindre idée pour me sortir du pétrin, et comme souvent dans ces moments de déprime totale, je m'en remets à mon instinct canin et lance du plus profond de mes entrailles: «IVG!... Improvise vite, Galoche!»

Avant même que je puisse laisser le temps aux cellules d'urgence de mon cerveau de s'activer, je suis pris de panique: monsieur Béland est en train de traverser la rue, en route vers un joli petit parc.

– AOOOOOOUH!

🐾

CRUSH! CRUSH! CRUSH!
– AOOOOOOUH!

Je suis passé maître dans l'art d'improviser en cas de catastrophe, comme tu le sais. Bien entendu, une idée géniale m'est vite tombée dessus: «LA POLICE!»

Je continue de gratter et de hurler dans la porte de la dame qui a du boulot en masse qui l'attend. Je vais me servir d'elle pour faire venir les policiers. Eux, ils vont pouvoir ramener monsieur Béland à la Maison des marguerites.

CRUSH! CRUSH! CRUSH!

– AOOOOOOUH!

J'arrête deux secondes de me lancer contre cette porte et je jette un coup d'œil derrière moi.

W-ouf! Je suis rassuré. Monsieur Béland, qui par miracle a traversé sain et sauf la rue il y a quelques minutes, est toujours assis sur le banc et ne semble pas vouloir s'enfuir.

«Vite! Il faut importuner la dame, lui faire croire que je suis enragé, que je suis un danger public, tout comme monsieur Béland, qu'elle doit sûrement trouver inquiétant... de telle sorte qu'elle va appeler au poste de police au plus tôt!»

Je me relance dans les airs, fin prêt à griffer de nouveau la porte, quand... BANG! BANG! BANG!... des bruits me surprennent en pleine pirouette... BOUM!... je retombe durement sur le sol.

BANG! BANG! BANG!

La dame frappe dans l'immense vitre du salon en me fustigeant du regard et en me faisant des signes de la main pour que je déguerpisse.

«Génial! Elle m'a entendu!... Et, maintenant, le grand coup, Galoche! Courage! C'est pour ton ami!»

Juste sous la fenêtre du salon, une superbe plate-bande de fleurs a tôt fait d'attirer mon attention. Je prends une longue inspiration, je me bouche les narines, je ferme les yeux… et je plonge dans la terre noire tel un taureau dans l'arène.

POUF! PAF! PIF! Un coup de tête, un coup de patte, et voilà les fleurs mauves déracinées qui volent dans les airs.

Je lève le museau. Les yeux de la dame sont sortis de leurs orbites et son visage ressemble à celui d'un singe en colère à qui on vient de voler son régime de bananes.

«Tiens bon, Galoche, tu es sur la bonne voie!»

PIF! PAF! POUF! Voilà les fleurs jaunes qui s'envolent à leur tour.

Autre coup d'œil vers la fenêtre: la dame a disparu.

«Elle doit être en train d'appeler la police!»

Brusquement, la porte d'entrée s'ouvre.

«Horreur! Je crois que j'ai commis une grave erreur!»

La dame s'élance vers moi avec un balai dans les mains. Je prends mes pattes à mon cou et déguerpis avant de me faire assommer. Tous poils dehors, je songe, en traversant la rue, que cette fois mon idée n'était peut-être pas aussi géniale que je le croyais!

Tout sale et piteux, je m'empresse d'aller retrou-ver monsieur Béland sur son banc tandis que la dame, qui a fait chou blanc, rentre chez elle.

W-ouf!

Sur le banc, je tente de refaire le plein d'énergie et surtout de courage. Pour sa part, monsieur Béland semble peu à peu retrouver ses esprits et la parole. Il ne fixe plus droit devant lui. Il n'en reste pas moins plongé dans son inaccessible et bien étrange univers.

– Galoche, est-ce que tu connais ma femme, Marie-Chantal ? Elle est unique, tu sais...

Et là, alors que mon optimisme légendaire est sur le point de lever le drapeau blanc face au pire ennemi que je connaisse dans la vie, le désespoir, je vois surgir, juste devant moi, la lumière au bout du tunnel. En fait, deux lumières ! Oui, oui, deux : une bleue et une rouge. Aucune n'est encore allumée, mais je compte bien les faire scintiller toutes les deux.

Poussé par un puissant sursaut d'espoir, je bondis du banc et fonce vers la voiture de police qui longe le parc. « C'est ta dernière chance, Galoche, faut pas la rater ! »

Comme un chien fou, en deux temps trois bonds, je m'envole et j'atterris… BOUM! juste devant le pare-chocs de la voiture de police. HIIIIII! Quel choc! Et quel coup dur pour ma pauvre bedaine!

Mais la douleur que je ressens au bas du corps est vite oubliée quand les deux policiers sortent de leur auto-patrouille. «Courage, Galoche, tu y es presque. Un dernier effort!»

Je joue le mort.

– Je ne pense pas que tu l'aies frappé.

– En tout cas, je n'ai pas entendu de bruit et je ne vois pas de sang.

– As-tu vu? Il porte une laisse.

– Son maître ne doit pas être bien loin.

Tel un clown à ressort jaillissant d'une boîte, je me retrouve sur quatre pattes et m'élance droit vers notre banc.

– Hé, le chien?!

– Voyons, quelle mouche t'a piqué?

Je suis persuadé que les deux policiers me suivent du regard. Quelques
secondes plus tard, j'atterris sur les
cuisses de monsieur Béland.

– Ah, tiens, te revoilà, toi! s'exclame
mon vieil ami, étonné de me voir ainsi
sauter sur lui.

«Mission accomplie!» que je hurle
de bonheur en mon for intérieur alors
que les deux grands gaillards s'amènent
vers nous.

– Bonjour, monsieur...? fait un
policier.

– Bonjour! répète son coéquipier.

Ils me semblent fort sympathiques.
«Pourvu qu'ils aient du flair!» Je m'inquiète un peu tandis que monsieur Béland
lève la main en signe de salutation.

– C'est à vous, ce chien? s'informe
l'un des policiers.

– Dis donc, Galoche, intervient
monsieur Béland, en me soulevant le

museau et en me forçant à le regarder, aurais-tu fais un mauvais coup, toi?

– C'est juste que votre chien s'est jeté devant notre auto, monsieur.

– Nous aurions pu le frapper. Heureusement, mon collègue a de bons réflexes.

À ma grande consternation, ces trois-là se mettent à discuter comme le ferait un trio d'amis.

– Je vous conseille de toujours le garder en laisse, votre chien, mon bon monsieur.

– Oui, surtout qu'il a l'air vif comme un chat!

– Chat... c'est vrai! blague mon incroyable monsieur Béland.

Une lumière rouge et une lumière bleue se mettent à scintiller dans ma tête. «Ah non! Il ne va pas me faire le même coup qu'avec les ouvriers!»

Le bruit d'une sirène retentit également dans ma tête. «Mais que faire, misère à poil, pour qu'ils comprennent que c'est un résident malade de la Maison des marguer...?»

Et, tout à coup, comme si le «IVG» de tantôt agissait à retardement, la solution se met à scintiller dans mon esprit.

– Rrrrr!

Je me retourne vers monsieur Béland, en grognant, et je m'élance vers son poignet, la gueule grande ouverte.

– Aïe! crie mon vieil ami, apeuré, qui me croit sous l'emprise d'une rage subite. Galoche, tu me fais mal, voyons! Lâche-moi! Aïe!

Oui, oui, moi, Galoche, je suis sous l'emprise d'une terrible rage: CELLE DE RAMENER MONSIEUR BÉLAND À LA

MAISON DES MARGUERITES SAIN ET SAUF.

Les deux policiers s'approchent. Mes crocs s'entrechoquent sur le plastique blanc. Je secoue la tête à en perdre haleine. Et au moment même où quatre solides mains m'empoignent et m'éloignent du bras de monsieur Béland...

«J'AI RÉUSSI, J'AI RÉUSSI, J'AI RÉUSSI!»

Pendu dans les airs comme une vieille poche de patates, je jubile tandis que, dans ma gueule, je tiens bien serré le bracelet de monsieur Béland avec les coordonnées de la Maison des marguerites.

– Oh! Mais c'est un bracelet d'hôpital, ça!?

«NON! PAS D'UN HÔPITAL, DE LA MAISON DE MES AMIS OÙ JE FAIS DU BÉNÉVOL...»

Ce sont les derniers mots auxquels j'ai songé. À cause des émotions trop fortes ou de l'épuisement, je ne sais trop, moi, Galoche, je tombe dans les pommes... et dans les bras des deux policiers.

EN VACANCES MALGRÉ MOI

Bon, avant que tu t'énerves trop, je te précise tout de suite que je vais bien. En fait, disons... mieux! Ce serait plus exact.

Il s'est écoulé une semaine depuis ma perte de connaissance. Monsieur Béland est de retour à la Maison des marguerites, sain et sauf. Je suis supposément pétant de santé et de beauté, selon la vétérinaire chez qui on m'a amené durant la fin de semaine. Finalement, ma vie de bénévole a repris son cours normal il y a quelques heures à peine.

Pourtant, il y a quelque chose qui cloche chez moi, Galoche, sans que je parvienne à mettre la griffe sur le bobo. Je me sens souvent fatigué. Je pense à la Maison des marguerites avec moins d'enthousiasme. Et je mange peu ; même qu'aujourd'hui, couché aux côtés de madame Chocolat, j'ai le cœur à l'envers après seulement trois petites noisettes chocolatées que ma bonne vieille amie m'a enfoncées dans le *gorgoton* à l'insu de ma Douce depuis que cette dernière a commencé la lecture de son roman.

– *Les hommes masqués ont envahi la maison. Les chats se sont mis à ronronner comme des matous en cage. Oui, la vie de la mère Dupont était bel et bien en danger…*

Lecture qui n'en finit plus, misère à poil !

Je suis d'ailleurs surpris de constater que madame Chocolat n'est pas encore endormie ; habituellement, elle ne peut tenir le coup plus de 15 minutes. Mais aujourd'hui, elle semble très éveillée, même après tout ce temps. Je suis cependant persuadé qu'elle fait semblant d'écouter et qu'en réalité elle ne songe qu'à déjouer la vigilance d'Émilie et me glisser un autre chocolat dans la gueule. Un petit jeu qu'elle adore.

Moi, Galoche, j'ai les nerfs en boule. Je suis exaspéré d'entendre lire Émilie. En fait, je ne suis pas très fier de moi, je te l'avoue. Je deviens vite impatient, ces jours-ci : je ne sais trop quelle mouche m'a piqué. Tiens, tantôt, un peu après mon arrivée, j'ai entendu dans le corridor :

– GRÉPETTE DE GRÉPETTE, REVOILÀ MON BEAU TOUTOU ! TCHOU ! TCHOU !

Eh bien, l'envie m'a pris de lancer un jappement du tonnerre à madame Via Trail pour lui faire comprendre de me ficher la paix. Bien sûr, elle est un peu particulière, cette dame, mais elle m'a démontré tellement d'affection, que ce soit avec ses caresses à n'en plus finir dans ma fourrure ou avec ses mains qui me prenaient les deux bajoues et qui me secouaient la tête avec autant d'ardeur qu'une machine pour mélanger la peinture, sans oublier ses mille et un becs tout collés... Oui, oui, malgré mes folles escapades en sa compagnie, nous sommes devenus de vrais bons amis. Pourtant, j'avais envie de lui japper après.

Mes réactions plutôt bizarres ne s'arrêtent pas là. En ce moment même, en écoutant Émilie-la-liseuse, j'ai de nouveau cette terrible envie de lancer un formidable «Wouf!» pour lui signaler mon exaspération.

Pire encore: en venant ici, un peu plus tôt, j'ai évité de passer près de la chambre de monsieur Béland de peur qu'il ne m'importune en me parlant de nouveau de sa femme, Marie-Chantal.

J'ai le cœur déchiré devant mes gestes stupides. Caninement, je ne me reconnais plus. J'ai le sentiment de me comporter comme un vrai zozo plutôt que comme un bon *zozothérapeute*.

POW! Je sursaute dans le lit en entendant un bruit de pétard venant du corridor.

– Grrr!...

De peine et de misère, j'étouffe ma colère soudaine et n'émets qu'un petit grognement léger. De leur côté, madame Chocolat et Émilie se regardent. Les deux éclatent de rire sans montrer aucun signe d'étonnement ou de curiosité et mon Émilie reprend vite sa lecture.

Je n'ai pas le temps de réfléchir davantage à leur comportement un peu bizarre que je vois entrer Pierre-Luc, essoufflé et les cheveux en bataille.

– Euh... excusez-moi, j'ai... euh!

Sans plus d'explications, ce dernier s'empresse d'aller dire un petit mot à l'oreille de ma Douce. Je m'énerve :

«Bon, encore des cachettes! Ça semble être devenu une habitude, misère à poil!»

Au cours de la fin de semaine, à ma grande surprise, madame Maryline est venue à la maison des Meloche. Elle a longuement discuté avec Émilie et Pierre-Luc, avant d'aller parler à Fabien ainsi qu'à Marilou. Eh oui! La mère d'Émilie elle-même! Et, dans les deux cas, on m'a empêché de me joindre à eux. Tout semblait top secret...

Dans le lit, aux côtés de madame Chocolat, je ne peux m'empêcher de penser: «Mais qu'est-ce que ces deux moineaux manigancent?... Un nouveau test?»

🐾

Mon Émilie vient enfin de cesser de faire la lecture à madame Chocolat et nous a quittés en coup de vent. Horreur! Pierre-Luc s'est empressé de prendre la relève, sans me laisser le moindre répit. Tout va vraiment de travers, aujourd'hui!

– *La mort de la mère Dupont constitue une énigme incroyable pour le pauvre commissaire Constantine…*

En plus de cette histoire plate à défriser mes 100 000 poils, la voix de Pierre-Luc est aussi monotone et ennuyeuse que les ronflements de madame Chocolat quand elle dort.

– Bonjour, la compagnie!

W-ouf! Par bonheur, madame Maryline entre dans la chambre et interrompt ce supplice. Elle pousse une chaise roulante.

– Préparez-vous, madame Klaxton, je vous emmène faire une petite promenade. On va s'habiller, d'accord?

Notre infirmière se tourne vers Pierre-Luc et l'incite à aller retrouver ma Douce.

– Ta belle Émilie a besoin d'un coup de pouce, mon garçon !

Ce dernier s'éclipse aussitôt, un sourire au coin des lèvres. Je me lève dans le lit, avec la ferme intention de le suivre.

– Ah non, Galoche ! intervient Maryline. Toi, mon beau, tu vas m'accompagner pour cette promenade avec madame Klaxton.

Mon pif légendaire me trompe rarement et, en cet instant, il m'incite à la plus grande prudence. « Galoche, avec tous ces petits sourires et regards malicieux, il se passe quelque chose qui sent la manigance humaine. Sois prêt à tout ! »

– Il est vraiment joli, votre costume turquoise, madame Klaxton. De toute beauté, ce collet et ces manchettes de fine dentelle blanche. Cela vous va comme un gant.

Madame Chocolat se laisse vêtir par l'infirmière. Elle lui jette un petit coup d'œil, comme si elle désirait voir l'effet que ses paroles vont produire sur celle-ci :

– Eh bien, Galoche, as-tu l'impression, toi aussi, qu'on s'en va à…

Maryline lance tout de go un étrange regard à ma vieille amie. Cette dernière sourit de satisfaction et continue de s'adresser à moi :

– As-tu l'impression, Galoche, qu'on s'en va à… DES NOCES ?

Son regard coquin retourne vers Maryline, à qui elle fait un clin d'œil. Les deux pouffent de rire. Rien pour me rassurer.

Un chocolat plus tard – oui, oui, la rusée septuagénaire a de nouveau réussi à m'enfourner une autre de ses friandises dans la gueule pendant que Maryline allait chercher un joli foulard de soie dans un tiroir –, nous nous apprêtons à quitter la chambre.

– Madame Klaxton, vous n'oubliez rien? lance soudain notre infirmière, l'air inquiet.

– Moi? s'étonne madame Chocolat. Non, je n'ai rien oublié.

– Ah! Je croyais que vous aimeriez payer la traite à vos amis de la maison... comme vous le faites à Galoche!

– La... la... la traite de quoi, donc? fait ma bonne amie, que je sens subitement mal à l'aise.

– De vos bons chocolats, voyons! répond madame Maryline, comme si le monde entier connaissait son stratagème. Regardez!

Nos yeux fixent l'endroit que pointe le doigt de cette dernière. Madame Chocolat et moi, nous apercevons un coin de boîte qui dépasse de sous l'oreiller.

– Ahhh...

Maryline va chercher les friandises et conclut:

– D'ailleurs, Galoche a le bedon pas mal plus rond depuis qu'il vous tient compagnie, madame Klaxton.

Instinctivement, je me regarde le bedon.

Deux grands fous rires explosent tout près de moi. C'est en compagnie de deux dames de très bonne humeur que je me retrouve dans le corridor. En bon zozothérapeuthe, je marche à leurs côtés,

à leur rythme. Notre infirmière remet la boîte de chocolats à sa propriétaire en lui disant:

– Tenez!... Vous offrirez une tournée à tous, tantôt; vous allez faire des heureux!

Je sais, mon flair aurait dû travailler et réfléchir aux derniers mots très révélateurs de Maryline sur ce qui allait bientôt se passer... Mais moi, pauvre chien vaniteux, la tête penchée vers ma bedaine, je ne pensais qu'à une chose: «Mon bedon est peut-être un peu plus rond, mais il n'est pas plus gros qu'un... qu'un petit citron. En tout cas, pas de quoi en faire tout un plat, foi de Galoche!»

W-ouf! Ça fait du bien de marcher un peu, après tous ces chocolats! Mon estomac crie «S.O.S.» chaque fois que j'en mange un, maintenant!

Quelques minutes plus tard, notre trio débouche sur un corridor transversal. Mes yeux se transforment en boules de billard et mes oreilles en radars en apercevant des dizaines et des dizaines de têtes blanches. Des notes de musique résonnent et des voix entonnent une chanson.

– Mon cher Galoche, c'est à ton tour... de te laisser parler d'amour !

Je suis abasourdi. Incapable de bouger. Mon bedon-citron me paraît soudain plus lourd qu'un énorme melon.

– Mon cher Galoche...

Maryline, ayant saisi mon désarroi, confie madame Chocolat à une bénévole et me prend dans ses bras. Ensemble, nous traversons la petite foule. Tous ces visages familiers, souriants sous leurs chapeaux de papier multicolores, n'ont d'yeux que pour moi. Je remarque que chaque résident est aussi bien habillé que madame Chocolat. Les uns chantent, les autres applaudissent ou soufflent dans des flûtes qui se déroulent et s'enroulent de nouveau et d'autres encore font voler jusqu'au plafond de gros ballons rouges, jaunes et violets...

Misère à poil, je n'ai pas assez de deux yeux pour tout voir!

Dans un coin de la salle, je décèle deux bras qui vont et viennent dans les airs. «Ah! Les grandes baguettes!» De ses bras constamment agités, Sophie, la jeune bénévole, dirige la petite chorale de la maison avec enthousiasme. Je n'aurais pas pu m'imaginer qu'un jour, ces personnes chanteraient pour moi, ça non!

– ... c'est à ton tour...

Moi, Galoche, je n'ai jamais été aussi surpris et ému de toute ma vie! Chacun de mes poils se change subitement en une petite feuille d'un arbre au centre d'un ouragan tellement je frissonne de la queue jusqu'à la truffe ! Les humains diraient que j'ai la chair de poule !

– ... de te laisser parler...

Je comprends bien qu'on me fête. Ce que je comprends moins, c'est... POURQUOI ?

Les résidents s'écartent peu à peu devant moi et je vois apparaître la petite scène où me transporte Maryline, qui donne sur la salle des fameuses chaises berçantes.

– D'AAAAAAAA...

J'ai l'estomac noué et la gorge serrée en apercevant Fabien, le père d'Émilie, et l'oncle Ricardo, son frère jumeau, que je connais bien, qui font de la musique : l'un joue du piano électrique et l'autre de la guitare.

– C'est une belle surprise, tu ne trouves pas, Galoche ? s'amuse l'infirmière, qui monte les marches menant à la scène. Et tu n'as rien vu encore, mon beau !

– MOOOOOOOUR!...

– Hip, hip, hip...

– HOURRA!

«Galoche, réveille-toi! Tu fais un anti-cauchemar!»

Pourtant, à bien y penser, il n'est pas question de me mordre une fesse pour sortir de ce rêve trop merveilleux! «Continue d'halluciner, Galoche! Tu serais bien fou de ne pas profiter de ce moment magique! Mais où sont donc passés Émilie et Pierre-Luc?»

– Merci! Merci! Si vous voulez bien vous asseoir... Merci!

Les paroles de Maryline me sortent de ma torpeur. Elle et moi, nous surplombons la foule, sur la petite scène. Les résidents cessent de taper des mains et de chanter, à l'instar des deux musiciens, devenus silencieux depuis un moment. Juste devant moi, tout sourire, assis sur des chaises dans la première rangée, je vois enfin Émilie et Pierre-Luc, que je soupçonne d'avoir été au cœur de l'organisation de cet événement.

– Comme vous le savez tous, nous fêtons aujourd'hui notre grand héros de la Maison des marguerites : notre ami GALOCHE !

Moi, Galoche, un héros ?...

– Et pour vous parler de son exploit, je cède tout de suite la parole à deux personnes qui en ont été témoins.

Fabien et Ricardo y vont de quelques notes pour souligner l'arrivée des deux personnes en question. J'écarquille les yeux et comprends tout en voyant deux casquettes s'approcher de nous, entre les têtes blanches. Mes amis policiers !

Les deux gros gaillards viennent se joindre à nous, à l'avant-scène. L'un d'eux transporte une jolie boîte noire.

En quelques minutes, ceux-ci captivent la salle en racontant notre aventure vécue au parc en compagnie de monsieur Béland.

– Ce bon chien s'est littéralement jeté devant notre auto-patrouille.

– Oh oui! Et au risque de sa vie, car il voulait à tout prix qu'on le suive jusqu'à monsieur Béland.

Je les trouve vraiment formidables de me louanger ainsi devant tout le monde et d'affirmer, haut et fort, que j'ai probablement sauvé la vie à mon bon et chic ami, monsieur Béland.

– Une fois sa mission accomplie, votre formidable Galoche s'est effondré dans nos bras.

– Oui, il est tombé… comme une poche de patates! fait le deuxième policier, en mimant la scène.

Des rires fusent de partout. À mon grand soulagement, des applaudissements nourris viennent rapidement enterrer les rires. W-ouf!… Que d'émotions!

Mais les surprises étaient loin d'être terminées, foi de Galoche!

🐾

Les deux policiers restent sur la scène, juste derrière nous, et madame Maryline continue d'animer la petite fête.

– Merci, messieurs les policiers, pour ce témoignage!

Notre infirmière adorée se tourne vers moi.

– Mon cher Galoche, pour te remettre officiellement la Médaille de la bravoure, décernée par l'équipe de policiers de notre quartier pour des exploits hors du commun comme le tien...

«Mais ce sont tous ces résidents extra-ordinaires qui devraient recevoir une médaille, pas moi!» que je songe, alors que l'animatrice continue, avec fierté:

– ... nous avons pensé te faire une très grande surprise.

Le duo de musiciens y va aussitôt d'une autre série de notes. Je jette d'abord un œil vers ma Douce et mon jeune voisin; aucun d'eux ne se lève. Je tourne alors la tête vers le corridor et là... je reste sans *jappe*.

MISÈRE À POIL! J'ai beau cligner des yeux, l'image demeure la même: je vois venir vers nous MARILOU... avec, à son bras, habillé très chic, monsieur Béland.

Je suis abasourdi. L'animatrice poursuit:

– Cher Galoche, monsieur Béland va te décorer officiellement de la Médaille de la bravoure, en compagnie de... madame Meloche, que tu connais bien, nouvelle sous-ministre au ministère de la Santé.

J'ignorais que la mère d'Émilie avait encore une fois changé de ministère. Mais, pour la connaître, oh oui, je la connais bien, la Marilou!

Pourtant, je découvre soudain une autre femme ! Marilou est gentille, souriante et avenante à l'endroit de mon bon vieil ami, monsieur Béland. De quoi me rendre jaloux, je l'avoue ! Elle s'acquitte de sa tâche d'accompagnatrice avec grâce. Encore sous le choc, je la regarde aider monsieur Béland à prendre la médaille dans la jolie boîte qu'ont ouverte les deux policiers et venir me la passer au cou délicatement.

– Bravo, Galoche ! me souffle Marilou à l'oreille, encore penchée au-dessus de moi. J'aurai une autre petite surprise pour toi dont je te reparlerai ce soir, à la maison.

– Mon beau Galoche, me chuchote monsieur Béland à l'autre oreille, j'ai bien hâte que tu puisses montrer ta médaille à Marie-Chantal.

Des jets de lumière jaillissent. On me prend en photo avec monsieur Béland et Marilou, puis avec les deux policiers.

Moi, Galoche, je ne sais plus comment réagir à tant d'attention et d'événements à la fois. Mais j'allais être encore plus étonné et ébranlé que jamais...

Pendant un bref moment, madame la sous-ministre prononce un gentil discours. Elle en profite pour rappeler aux résidents la subvention supplémentaire que son ministère a versée à la Maison des marguerites pour la rénovation des lieux. Ensuite, Maryline reprend son rôle d'animatrice et nous apprend que la fête a été organisée pour souligner un autre événement.

– Nous voulons aussi profiter de l'occasion pour fêter un exceptionnel trio pour son implication à la Maison des marguerites ces dernières semaines. Et j'ai nommé : Émilie, Pierre-Luc et Galoche !

Sous de nouveaux applaudissements, je me retrouve cette fois dans les bras de mon Émilie, aux côtés de Pierre-Luc.

– Chers amis, enchaîne Maryline, tous les résidents veulent vous dire un grand merci. Durant vos semaines de bénévolat, vous avez réussi à faire briller le soleil, même les jours de pluie.

Je m'inquiète tout à coup, les oreilles au garde-à-vous. «Mais... mais... l'été n'est pas terminé!»

– Émilie, Pierre-Luc, après en avoir discuté avec vous et vos parents, nous croyons qu'avec l'immense travail que vous avez réalisé pour nous, vous méritez bien de prendre les deux dernières semaines de l'été pour profiter pleinement de vos vacances et retourner en classe pleins d'énergie. Et aussi pour vous occuper... de notre grand ami Galoche!

«Mais on fête notre départ, misère à poil!» Je suis atterré.

Avec des mots tendres, délicats, élégants, de sa voix si réconfortante, comme elle seule sait le faire, madame Maryline explique que je dois me refaire une santé mentale...

– Galoche, tu as été le meilleur des zoothérapeutes qui sont passés à la Maison des marguerites. Tu as fait sourire l'ensemble des résidents, à un moment ou un autre. Tu as mis tellement de cœur à prendre soin de tout le monde, allant jusqu'à risquer ta vie, que tu dois maintenant t'occuper de toi. Tes meilleurs amis en sont également venus à cette conclusion.

Ses paroles me touchent, car elles sont vraies : oui, oui, oui, moi, Galoche, je dois le reconnaître, je suis épuisé par cette immense souffrance humaine que je ne soupçonnais pas et aussi par toutes ces prouesses que j'ai dû accomplir chaque jour, pour mon bénévolat, afin de procurer le plus de moments de bonheur possible à toutes ces belles personnes, si fragiles, si attachantes... «Non, je ne peux pas les quitter ainsi!... Je ne vais pas abandonner mes amis!»

Maryline vient alors me secouer les puces et me fait retrouver ma bonne humeur :

– Émilie et Pierre-Luc te connaissent comme s'ils t'avaient tricoté, cher Galoche. Ils nous ont dit que tu n'accepterais pas de te retirer si tu n'étais pas certain que quelqu'un prend la relève pour faire sourire de nouveau nos amis de la maison. C'est pourquoi nous voulons te rassurer, aujourd'hui, pour que tu puisses passer les deux plus belles semaines de ta vie, sans aucun remords...

Un retentissant « MIAOWWW ! », juste derrière moi, me fait bondir dans les bras d'Émilie. La foule éclate d'un grand rire.

Maryline présente aussitôt aux résidents le nouveau *zozothérapeute* de la maison, soit le gros matou de l'oncle Ricardo, qui soulève son chat dans les airs.

– Voici Victor! s'exclame Maryline. Et voici Ricardo! Par amitié pour Émilie, Pierre-Luc et Galoche, ils ont accepté de prendre la relève.

– Nous allons bien vous faire rire! déclare le gros-et-grand-frère-jumeau de Fabien. Pas vrai, mon Victor?... Ha, ha, ha!

Moi, Galoche, je me dis: «Avec Victor et Ricardo comme bouffons, la Maison des marguerites est en bonnes mains!»

– Maintenant, chantez, dansez, mangez... que la fête continue! lance Maryline.

Des employés de la cafétéria arrivent en poussant un chariot sur lequel trône un superbe et immense gâteau.

Fabien et Ricardo jouent de la musique...

– Grrr...

La chorale entonne de nouveau «Mon cher Galoche...»

– Grrr...

Les résidents entourent Émilie et Pierre-Luc pour leur serrer la patte, les remercier et leur souhaiter de bonnes vacances...

– Grrr...

Et tout ce temps, mon regard ne quitte pas un seul instant celui de ce miteux matou qu'est Victor, maintenant face à moi, sur la scène. Nos pensées dialoguent, d'un regard à l'autre:

«Grrr... Vieux matou, tu as besoin de traiter mes amis aux petits oignons! Sinon, je reviens te mordre les moustaches et t'arracher les poils du nez!»

«Hé! oh! vieille sacoche... Il ne faut pas que tu te penses le roi et maître de la *zozothérapie* parce que t'as eu une petite médaille de bravoure!»

Non, décidément, moi, Galoche, je n'ai jamais eu et je n'aurai jamais de poils crochus avec Victor. Le regard malicieux, le chat ajoute:

«Fie-toi sur moi, ils vont vite t'oublier, foi de Victor!»

Bon. J'ai peut-être un croc contre lui, pourtant, mon flair me dit que je peux lui faire confiance pour prendre ma relève. Alors je cesse de grogner et je laisse mes amis faire connaissance avec leur nouveau *zozothérapeute,* qui se retrouve vite dans les airs, passant d'un membre à l'autre du fameux comité d'accueil.

Nos yeux se croisent une dernière fois.

«Bonne chance, Victor!»

«Ne t'en fais pas pour moi, Galoche, j'ai la couenne dure... comme tu le sais.»

– Wouf!

– Miaow!

Je sens soudain un regain d'appétit. Je me dirige vers le gâteau, qui me paraît génial avec toutes ces cerises rouges dans le crémage blanc. «Hummm...» Chemin trottinant, je ris dans ma barbichette: «GRÉPETTE DE GRÉPETTE! J'aimerais bien voir la *bine* de Victor la première fois qu'il rencontrera madame Via Trail! Hi, hi, hi!»

Et ce soir-là...

Émilie se brosse les dents dans la salle de bain. Moi, j'admire ma médaille, que ma Douce a accrochée au mur. Tout à coup, je vois Marilou entrer dans la chambre, avec un petit sac. Je suis sur mes gardes.

Mais, à ma grande surprise, la mère d'Émilie ne fait aucune allusion au fait que je suis couché sur la couverture, au bout du lit de ma Douce. D'habitude, j'ai droit à quelques bonnes remontrances de sa part.

– Salut, mon beau! Grosse journée, non?... Vraiment, je suis fière de toi. Je sais que je ne suis pas toujours très gentille à ton égard. Je suis même parfois un peu méchante, je te le concède.

Je relâche mes muscles et me détends un peu. Bien entendu, je n'ai pas oublié les paroles intrigantes qu'elle m'a soufflées à l'oreille lors de ma remise de médaille, cet après-midi: elle m'a dit qu'elle avait une surprise pour moi! Je suis anxieux d'en connaître la nature.

– Tu as été pas mal génial avec les résidents de la Maison des marguerites, poursuit la mère d'Émilie, qui s'assoit sur le bord du lit. Tu sais, Galoche, tu m'as vraiment épatée avec ton bénévolat. Alors, pour me faire pardonner...

Marilou se penche vers moi et continue sur un ton de secret national, tout près de mon oreille:

– Je désire t'offrir quelque chose d'unique. Un cadeau qui te fera un plaisir fou!

J'ouvre les oreilles aussi grand que deux portes de grange, comme tu peux t'en douter. La mère d'Émilie poursuit:

– Ma surprise, ou mon cadeau, comme tu préfères...

Je sens mes portes de grange grincer d'impatience! «Va-t-elle le dire, oui ou non, c'est quoi, son cadeau?»

– c'est... c'est ceci: le plus gros chocolat à la cerise que j'ai pu trouver dans la meilleure chocolaterie du quartier! Il vaut une fortune!

«Ah non! Pas encore du chocolat!...»
Je reste pantois, confus. La mère d'Émilie
en profite pour m'enfourner le chocolat
au fond du *gorgoton* encore plus vivement
que madame Chocolat elle-même.

– Je connais ta gourmandise légendaire, ajoute-t-elle, je sais la joie que
ce chocolat te procurera. Allez, mange,
mange, mon beau, avant qu'Émilie
revienne! C'est un secret entre nous.

Mon estomac hurle: «Misère à poil!»
Il semble en pleine crise de panique. Je
l'entends rugir de colère et de troubles
gastriques. Mais je ne veux pas décevoir
Marilou, alors je mange le tout, en
m'efforçant de me lécher les babines et
d'avoir l'air très heureux.

Satisfaite, la mère d'Émilie se lève.
Je la suis des yeux. Nos regards se
croisent.

– Non, non, pas besoin de me
remercier, Galoche!

Gueule bée, je l'observe quitter la chambre aussi rapidement qu'elle est venue. Décidément, même quand elle veut bien faire, cette Marilou ne cesse jamais de me causer des problèmes, foi de Galoche!

🐾

Et cette-nuit là...

– Galoche, il me fait plaisir de te présenter Marie-Chantal.

– Bonjour, mon beau chien.

Monsieur Béland avait raison. Elle est très belle, sa Marie-Chantal: toute lumineuse, légère, avec de grands yeux verts brillants et de beaux cheveux blancs ondulés.

Pendant un long moment, nous nous promenons lentement tous les trois dans un magnifique parc rempli d'arbres aux mille et une fleurs de toutes les couleurs, derrière une jolie maison qui semble flotter dans un immense ciel bleu turquoise.

– Moi aussi, Galoche, je tenais à te dire merci d'avoir protégé mon cher et tendre mari. Merci aussi pour tous les sourires que tu as su lui soutirer, malgré sa peine incommensurable.

Moi, Galoche, je suis aux anges...

Soudain, je sens une main qui me caresse le cou. J'ouvre les yeux, à demi réveillé, et je vois mon Émilie, la tête sur l'oreiller, juste à côté de la mienne, qui me sourit.

– Bonne nuit, mon beau! Tu es un chien merveilleux. On va passer deux semaines de vacances exceptionnelles, c'est promis!

Quelques instants plus tard, je me rendors, en songeant: « Comme monsieur Béland, je suis très chanceux de pouvoir compter sur une amie pour la vie... Bonne nuit, Émilie! »

GALOCHE

Auteur : Yvon Brochu
Illustrateur : David Lemelin

Romans

1. Galoche chez les Meloche
2. Galoche en a plein les pattes
3. Galoche, une vraie année de chien
4. Galoche en état de choc
5. Galoche, le vent dans les oreilles
6. Galoche en grande vedette
7. Galoche, un chat dans la gorge
8. Galoche, sauve qui pique !
9. Galoche, haut les pattes !
10. Galoche, c'est parti, mon frisbee !
11. Galoche, la broue dans le toupet
12. Galoche, cauchemars à la queue leu leu
13. Galoche aux oscars
14. Galoche, héros malgré lui !

BD

1. Galoche supercaboche
2. Galoche supercaboche et le club
   des 100 000 poils
3. Galoche supercaboche et les Jeux olympiques

www.galoche.ca

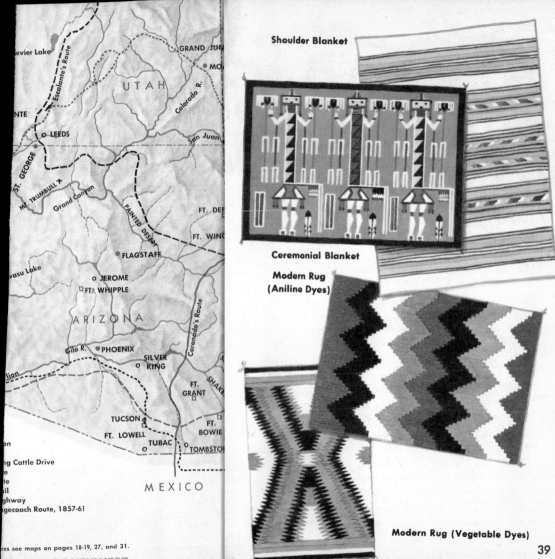

Shoulder Blanket

Ceremonial Blanket

Modern Rug
(Aniline Dyes)

Modern Rug (Vegetable Dyes)

GRAND JUN

MO

UTAH

Colorado R.

San Juan

Sevier Lake

Escalante's Route

LEEDS

ST. GEORGE

MT. TRUMBULL

Grand Canyon

PAINTED DESERT

FT. DEF

FT. WING

FLAGSTAFF

vasu Lake

JEROME

FT. WHIPPLE

ARIZONA

Coronado's Route

Gila R.   PHOENIX

SILVER
KING

FT.
GRANT

FT.
SHAKE

TUCSON

FT. LOWELL   FT.
BOWIE

TUBAC

TOMBSTO

MEXICO

g Cattle Drive
e
te
il
ghway
gecoach Route, 1857-61

res see maps on pages 18-19, 27, and 31.

RICAL SOUTHWEST

39

HISTORICAL TIMETABLE

1276-99: Long drouth forces Indians to seek new homes.

1536: Cabeza de Vaca crosses Southwest en route to New Spain.

1540-42: Coronado explores Southwest from Grand Canyon to Kansas.

1581-1600: Many Spanish expeditions follow Coronado.

1598: Juan de Oñate sets up first capital at San Juan.

1610: New capital at Santa Fe, terminus of Mexican route.

1680: Pueblo Indians revolt and drive out Spanish.

1692: De Vargas recaptures SW. Father Kino develops chain of missions among Pima and Papago Indians.

1776: Escalante explores present W Colorado and Utah.

1803: Louisiana Purchase brings United States into SW.

1813: Old Spanish Trail partly follows Escalante's route.

1822: Mexico wins independence from Spain.

1824: U.S. trappers push into SW from east and north.

1830-31: Old Spanish Trail extended to California.

1833: Vein gold discovered in New Mexico.

1844: Fremont explores Utah and Colorado until 1853.

1846: Texas joins U.S. as 28th state. War with Mexico!

1847: Mormons settle Utah and open wagon route from Santa Fe to California.

1848: Mexi[...] boundary [...]

1849: Stage [...] Gold rush [...]

1850: U.S. b[...]

1853: Gadsd[...]

1854-56: Silve[...]

1857-59: Beal[...] rush.

1862: Civil Wa[...]

1860-1890: M[...]

1864: Navajos [...] Sumner.

1866: Nevada [...]

1869: Powell's [...] Canyon.

873: Crook sub[...]

1876: Coal mini[...] epoch of open[...]

1877-78: Tombsto[...]

1881: SW connec[...]

1886: Geronimo s[...]

1896: Utah becom[...]

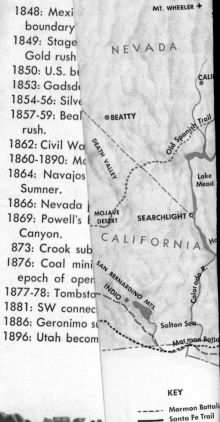

MT. WHEELER +

NEVADA

CALI[...]

● BEATTY

DEATH VALLEY

Old Spanish Trail

Lake Mead

MOJAVE DESERT

SEARCHLIGHT ○

CALIFORNIA

Ha[...]

SAN BERNARDINO MTS.

INDIO ●

Colorado R.

Salton Sea

Morman Batta[...]

KEY

- ----- Mormon Battali[...]
- ——— Santa Fe Trail
- +++++ Goodnight-Lovi[...]
- – – – Escalante's Rou[...]
- Coronado's Rou[...]
- - - - Old Spanish Tr[...]
- +++++ Chihuahuan Hi[...]
- Butterfield's Sto[...]
- ● Cities
- □ Old Forts
- ○ Ghost Towns
- For Indian featu[...]

MT. MASSIVE
MT. ELBERT
PIKES PEAK

FT. WALLACE

KANSAS

COLORADO

PUEBLO

Santa Fe Trail

CREEDE

SAN JUAN MTS.

Old Spanish Trail

ALAMOSA

Rio Grande

FT. GARLAND

Goodnight-Loving Cattle Drive

BENT'S FORT

Arkansas R.

FT. DODGE

Cimarron R.

Escalante's Route

TAOS

FT. MARCY

SANTA FE

FT. UNION

Cimarron Cut-off on Santa Fe Trail

OKLAHOMA

Coronado's Route

Canadian R.

ALBUQUERQUE

GOLDEN

AMARILLO

Coronado's Route

Prairie Dog Town Fork

NEW

MEXICO

FT. SUMNER

FT. CRAIG

Chihuahuan Highway

FT. STANTON

LAVA BEDS

SACRAMENTO MTS.

Pecos R.

LUBBOCK

Brazos R.

TEXAS

CARLSBAD

FT. CUMMINGS

FT. BLISS

EL PASO

Butterfield's Route

Rio Grande

FT. DAVIS

FT. STOCKTON

ALPINE

Pecos R.

SANTIAGO MTS.

0   30   60   90   120
miles

TERLINGUA

43

THE MODERN SOUTHWEST

Continuous development has oc-
curred since 1900. Climate has
been vital in attracting tourists
and various military establish-
ments. Huge dams and deep wells
have brought water to stimulate
progress.

1903: Three great natural bridges found in SE Utah.

1906: Act for Preservation of American Antiquities sets
base for national monuments, archeological research.

1908: Grand Canyon made National Monument. Became
Park in 1919.

1910: Roosevelt Dam completion opens irrigation era.

1912: New Mexico and Arizona become states.

1918: Logging industry enters boom period in SW.

1923: New Mexico floods show need for prevention.

1924: Carlsbad Caverns made National Monument. Became Park in 1930.

1929: Piping natural gas brings this fuel into wider use.

1934: Indian Reorganization Act provides self-rule.

1935: Deep wells stimulate agricultural development.

1936: Hoover Dam completed.

1938: "Dust Bowl" in W Texas and Oklahoma arouses SW.

1940: Coronado Cuatro Centennial observed. Santa Ger-
trudis breed of cattle developed.

1945: Atomic Era opened by explosion of test bomb.

1947: Rocket testing begins at White Sands.

1948: Uranium discoveries open SW "back country."

1953: Pipe-line projects expand natural-gas industry.

1954: U.S. Air Force Academy set up at Colorado Springs.
Human skeletal remains, oldest known in U.S., discovered at Midland, Tex.

SOME IMPORTANT CITIES

Southwestern Kansas

Liberal: Natural gas center. Gateway to sand hills and Meade State Park.

Garden City: Near Buffalo, Point-Rocks, Scott, Finney, Hodgeman State Parks.

Dodge City: Center of wheat, shortgrass belt. Ft. Dodge and Beeson Museum.

Western Oklahoma

Freedom: Crystal Caverns, Little Salt Plain, Cedar Canyon Park.

Kenton: Gateway to Black Mesa, Dinosaur Quarry, Hallock Park.

Altus: Osage Indian Capital. Near Washita Mts. Nat. Wildlife Ref. Reserve and Quartz Mt.

Western Texas

Amarillo: Center of wheat and cattle country, site of government helium plant, gateway to Palo Duro State Park and Plains Historical Museum at Canyon, Tex.

Lubbock: Oil fields, MacKenzie and Big Spring State Parks.

San Angelo: Center of cattle, sheep, and goat industry; Ft. Concho State Park and Museum. On route of early stagecoach lines and cattle drive trails.

Alpine: Gateway to Rio Grande area, Big Bend Nat. Park, and Davis Mt. State Park. Cattle and antelope country.

El Paso: Ft. Bliss and Biggs Field. Rich farming area. Carlsbad Caverns, White Sands Nat. Mon., Cloudcroft recreation area in N. Mex., and (through Juárez) Mex.

Southern Colorado

Colorado Springs: U.S. Air Force Academy. Annual rodeo. Taylor Museum Fine Arts Center. Gateway to Garden of Gods, Manitou Springs, and Pikes Peak.

Pueblo: Huge steel mills and Helen Hunt Jackson house. Near farm and cattle country, Spanish Peaks hunting and fishing areas.

Salida: Center of routes into majestic Continental Divide country. Royal Gorge and Arkansas River scenery and fishing.

Alamosa: Center of rich San Luis Valley farming area. Gateway to southern Rockies, Great Sand Dunes Nat. Mon., Ft. Garland, Taos and Eagle Nest Lake, N.M.

Durango: Center of last (D&R GW) narrow-gage railroad. Gateway to Silverton-Ouray mining districts and south end of Million Dollar Highway. Jump-off for hunting-fishing trips into San Juan and La Plata Mountains.

Grand Junction: Junction of the Colorado and Gunnison. Grand Valley orchards. Grand Mesa, Black Canyon of Gunnison Nat. Mon., Chipeta State Park, fishing.

New Mexico

Raton: Center of coal and cattle country; gateway to Capulin Mountain Nat. Mon., prehistoric Folsom man quarry, Philmont Boy Scout Camp, Vermejo Park, and hunting and fishing country of the Sangre de Cristo Mountains.

Santa Fe (see p. 144): Home of the State Museum and others, U.S. Indian School, and famous art colony. State capital. Gateway to Hyde State Park, Aspen Basin Ski Area, Indian pueblos, Spanish-American towns, and hunting and fishing in the Sangre de Cristo Mountains.

Albuquerque: Home of University of New Mexico, Kirtland Field, and Sandia Secret Weapons Base; gateway to La Madera Ski Area and Indian pueblos.

Gallup: Site of annual mid-August Indian ceremonials. Gateway to Navajo Indian Reservation, Zuni Pueblo, El Morro and Chaco Canyon Nat. Mons., Mt. Taylor volcanic field, Zuni Mountains, and "Four Corners" country.

Roswell: Airbase city among cotton farms. Gateway to Bottomless Lakes State Park, Sacramento and Capitan Mountains, Apache Indian Reservation, Cloudcroft, Ruidoso, and Lincoln County of Billy-the-Kid fame.

Carlsbad: Near nation's largest potash mines, oil fields, Pecos farm and cattle country. Gateway to Carlsbad Caverns Nat. Park.

Silver City: Gateway to Santa Rosa open-pit copper mine, Gila Wilderness Area, Mogollon Mountains, Black Range, and Gila Cliff Dwellings Nat. Mon.

Arizona

Douglas: Site of giant smelters. Gateway to Bisbee mines, Old Tombstone, Chiricahua Nat. Mon., and (through Agua Prieta) to Mexico.

Tucson (TOO-sahn): Home of state university and museum, Davis—Monthan Airbase. Gateway to cattle country; Arizona-Sonora Desert Museum; Papago Indian Reservation; San Xavier Mission; Colossal Cave; Tumacacori, Saguaro, and Organ Pipe Cactus Nat. Mons. From Tucson you go through Nogales (by road or rail) into Mexico.

Phoenix: State capital, site of Pueblo Grande Ruins and Heard and Arizona Museums; center of citrus fruit industry and rich vegetable, cotton, and cattle-feeding croplands. Gateway to the Arizona desert, Salt River power projects, dude ranches, Gulf of California fishing, Pima and Papago Indian Reservations, Tonto and Casa Grande Nat. Mons.

Huge Irrigation Systems Water Millions of Acres

Globe: Center, with Miami, of copper mining and smelting; Southwest. Nat. Mons. Hq.; Beshbagowa Ruin; gateway to Apache Indian Reservation, Superior Mines, Boyce-Thompson Arboretum, and White Mountain fishing.

Prescott: Site of Old Ft. Whipple; gateway to Joshua Tree forest, Jerome (ghost town), Verde Valley, Tuzigoot, and Montezuma Castle Nat. Mons.

Winslow: Gateway to Navajo and Hopi Reservations, Meteor Crater, Painted Desert, Petrified Forest Nat. Mon., and State Antelope-Buffalo Reserve.

Flagstaff: Center of sawmill industry; site of Lowell Observatory, Museum of Northern Arizona, and July 4 Indian Pow-Wow. Gateway to Grand Canyon, and to Walnut Canyon, Sunset Crater, and Wupatki Nat. Mons. Take-off point for Navajo and Hopi Indian Reservations, Monument Valley, Oak Creek Canyon, San Francisco Peaks, hunting and fishing of N Arizona, and Navajo and Rainbow Bridge Nat. Mons.

Southern Utah

Cedar City: Gateway to Utah's Dixie; "Arizona Strip"; Zion and Bryce Canyon Nat. Parks; Cedar Breaks, Pipe Spring, and Grand Canyon Nat. Mon.

Fillmore: Site of Old Statehouse State Park; gateway to Escalante Wilderness and hunting and fishing areas of Aquarius Plateau.

Green River: Gateway to Coldwater Geyser, uranium mines, Capitol Reef and Arches Nat. Mons.; jump-off for Colorado River boat trips.

Southeastern Nevada

Ely: In famous mining district; gateway to Paiute Indian Reservation, Lehman Caves Nat. Mon., and the Snake Mountain hunting area.

Las Vegas: Site of Pioneer Village Museum and Nellis Field Trainer Base; gateway to Hoover Dam, Valley of Fire, and Lakes Mead and Mohave.

Beatty: Site of old mining district, Bottle House Museum; gateway to ghost towns, Desert Wildlife Refuge, and Death Valley Nat. Mon.

Southwestern California

El Centro: With Brawley, center of Imperial Valley farming area and gateway to Mexicali, Mexico, and weird desert of Salton Sea.

Palm Springs: Spa for Hollywood notables; with Indio, gateway to Joshua Tree Nat. Mon. and south entrance of Death Valley.

MODERN LIFE AND INDUSTRIES Today's Southwest is a land of contrasts. Atom scientists from new, ultra-modern Los Alamos en route to Spanish-speaking Santa Fe (oldest capital city in the United States) pass Indian pueblos where potters use methods a thousand years old. Travelers in Diesel-drawn Pullmans flash past burros laden with wood for cooking fires. Armies of hunters, skiers, fishermen, "rockhounds," photographers, and sightseers invade this land each year to enjoy the scenery, climate, and their hobbies. They help build the Southwest's booming tourist industry.

Huge irrigation systems water millions of acres of cotton, citrus, alfalfa, apple, peach, corn, wheat, and other crops. From desert cattle tanks to the droning generators of Hoover Dam, the Southwest's first caution is "Go easy with water!" Here is a sun-warmed land of modern cities and wide ranges; of forested mountains and cactus-studded deserts; of rich farms and rocky mesas where coal, gold, lead, pumice, and copper are mined and where prospectors search for still-hidden uranium, petroleum, and other earth treasures. The figures on p. 49 give a general picture of recent Southwestern production and progress.

THE MODERN SOUTHWEST—RESOURCES AND OTHER STATISTICS

(Acres, K.W.H., and dollars are in millions; values are annual)

	ARIZONA	NEW MEXICO	UTAH	COLORADO	TEXAS	NEVADA
Area (in sq. miles)	114,000	122,000	85,000	104,000	267,000	111,000
Population, 1950	750,000	681,000	689,000	1,325,000	7,711,000	160,000
Capital city	Phoenix	Santa Fe	Salt Lake City	Denver	Austin	Carson City
Acres natl. forests	12.2	10.3	9.1	15.2	1.7	5.4
Livestock values	$ 95.7	$107.5	$112.6	$323.9	$ 848.3	$32.0
Farm crop values	$276.0	$195.4	$ 38.4	$558.1	$1,147.4	$16.0
Oil and gas values	—	$161.6	$ 3.2	$ 97.3	$2,362.6	—
Mineral values	$181.1	$199.6	$177.7	$228.5	$2,365.8	$37.4
Farm land acreage	37.9	49.6	10.3	36.2	141.3	6.2
Acres irrigated	1.4	0.7	1.1	2.9	2.7	0.7
Tourist values	$200	$175	$ 31.7	$265.3	$ 770.5	—
Mfg. prod. values	$104	$55.5	$128.3	$286.8	$1,727.5	$27.8
K.W.H. (kilowatt-hours) produced	3,770	1,820	2,700	2,260	7,280	—
Nat. parks and mons.	17	9	11	8	1	2
State parks and mons.	0	15	6	0	48	11

PLANTS AND ANIMALS In traveling notice abrupt changes in vegetation. A pinyon-juniper forest gives place to grassland studded with yuccas; Creosotebush and Salt-bush merge into cactus, Mesquite, and Palo-Verde. The group of plant species normally found growing together in a common environment is called a "plant association." Animal species, including insects, prefer particular plant associations for food and shelter, so each vegetative type becomes part of a "community" of plants and animals. Elevation, soil, and other factors determine the nature of communities. Where moisture is all-important, plant associations show seasonal changes. Some species live through long dry periods in the seed stage; others become dormant; still others develop water-storage organs or other devices enabling them to remain active through drouth. Species unable to endure extreme conditions are replaced

LIFE ZONE	ELEVATIONS, feet above sea level (approx.)	TYPE OF COUNTRY	RAINFALL, inches per year
Arctic-alpine	Above 12,000	Above timberline	30-35
Hudsonian	9,500-12,000	High mountains to timberline	30-35
Canadian	8,000-10,000	Mountains	25-30
Transition	7,000-8,000	Plateaulands	19-25
Upper Sonoran	3,500-7,000	Mesas and foothills	12-20
Lower Sonoran	500-4,000	Sonoran, Mohave and Chihuahuan deserts	3-15
Dry-tropical	Below 500	Along Colorado River in extreme SW Arizona	1-6

by those that can. If a species thrives abnormally, its predators act to control it. The natural system of controls is called a "biological balance." Activities of man sometimes upset it and give certain species an advantage. Each Southwest association or community is restricted to specific elevational belts, or zones, above or below which climatic conditions are unfavorable to it.

Life Zones As you go from the desert up to the mesas and on into the mountains, you notice falling temperature, increased moisture, and marked differences in the plant and animal life. The great naturalist C. Hart Merriam showed that such changes due to elevation resemble those due to latitude. Roughly, a change in elevation of 1,000 ft. equals a north-south difference of 300 miles. This theory helps explain the Southwest's complex plant life and animals dependent upon it.

TYPICAL PLANTS

Alpine sedges, lichens, grasses

Alpine Fir, spruces

Douglas Fir, White Fir, Quaking Aspen

Ponderosa Pine

Pinyon-Juniper, Grama Grass, Sagebrush

Creosotebush, Salt Bush, and Ocotillo

Senita and Organ Pipe Cactus

(Table from *Southwest Trees*, U.S. Dept. of Agriculture, 1950.)

PLANT GEOGRAPHY   Each life zone (pp. 50-51) is represented—arctic and dry-tropical rarely. Most peaks above timberline are accessible only by foot or horseback. The Pikes Peak summit road goes into the arctic-alpine life zone. Hudsonian plant communities occur along highways through some mountain passes. Canadian life zone plants appear along mountain roads in New Mexico, Colorado, Arizona, Utah, and Nevada. Ponderosa Pine, chief Southwest lumber tree, indicates transition life-zone conditions wherever it grows abundantly.

Arctic-Alpine Zone
San Francisco Mts., Ariz.
Sangre de Cristo Mts., N. Mex.
San Juan Mts., Colo.
Uncompahgre Mts., Colo.
Snake Range, Nev.
Wasatch Mts., Utah
Pikes Peak, Colo.

Hudsonian Zone
Cedar Breaks Nat. Mon., Utah
Bryce Canyon, Utah
N. Rim Grand Canyon, Ariz.
Wolf Creek Pass, Colo.
Million Dollar Highway, Colo.
Monarch Pass, Colo.
Lizard Head Pass, Colo.

Canadian Zone
Kaibab Plateau, Ariz.
White Mts., Ariz.
Sandia Mts., N. Mex.
Black Range, N. Mex.
Sacramento Mts., N. Mex.
Aquarius Plateau, Utah
Charleston Mts., Nev.

Transition Zone
Chiricahua Mts., Ariz.
Santa Catalina Mts., Ariz.
Chisos Mts., Tex.
Davis Mts., Tex.
Zuni Mts., N. Mex.
La Sal Mts., Utah
Plateaus, SW Utah

Conditions favorable to upper Sonoran vegetation are more widespread in the Southwest than any other conditions. Mesa lands and foothills covered with pygmy forests of pinyon and juniper are typical. Lower Sonoran conditions prevail across the entire southern portion of the Southwest, reaching north into southeast Nevada and southwest Utah. Although conditions typical of the dry-tropical life zone do not enter the Southwest, comparable vegetation is found along the Colorado River above its delta. It appears, also, from the Gulf of California, along the valley of the Sonoita River, to the southern portion of Organ Pipe Cactus National Monument south of Ajo, Ariz.

BIRDS

Western Red-tailed Hawk

Birds are seen everywhere in the Southwest from hot, dry deserts to arctic mountain tops. Some species are residents; others migrate through the Southwest. Many of the 400 species recorded in the Southwest are found elsewhere in this country. The following pages deal only with the birds characteristic of the Southwest and common enough to be seen frequently. Since elevation is important in determining local climate and food supply, birds are classified as mountain, mesa, and desert species. However, a species may be found at higher elevations in summer than in winter. Insect eaters are generally absent at high altitudes, where cold limits their food supply. Less active during the heat of the day, birds are best seen in early morning or late afternoon. A slow walk, away from houses, will reveal birds you otherwise would miss, though jays and some others make themselves at home near camps and cabins. All songbirds are protected by federal and state laws.

Raven

For more about birds read:

BIRDS, Zim and Gabrielson, Simon and Schuster, N. Y., 1955.

A GUIDE TO BIRD FINDING WEST OF THE MISSISSIPPI, Pettingill, Oxford Univ. Press, N. Y., 1953.

BIRDS OF THE WEST, Booth, Stanford Univ. Press, Palo Alto, Calif., 1950.

A FIELD GUIDE TO WESTERN BIRDS, Peterson, Houghton Mifflin Co., Boston, 1941.

MOUNTAIN CHICKADEE (5 in.), a common permanent resident of mountain forests, is a friendly and cheerful bird. It eats insects and seeds.

ROCKY MOUNTAIN HAIRY WOODPECKER (9 in.) is known by the white stripe on its back. Only males have the red head patch. Eats insects.

MOUNTAIN BLUEBIRD (7 in.) is bright blue with a characteristic white belly. It often travels in flocks. The food consists mainly of insects.

CALLIOPE HUMMINGBIRD (3 in.) is one of the smallest U.S. hummers. It prefers high mountain meadows of lupine and paintbrush in summer.

DUSKY GROUSE (21 in.) and the similar but smaller Franklin Grouse live among spruce, fir, and aspens, feeding on leaves and shoots. Food sources are endangered by overgrazing.

54

WATER OUZEL (7½ in.) lives near swift streams and waterfalls, nesting in moist locations. It seeks aquatic insects under the water.

ROSY FINCH (6 in.) lives in snow above timberline in summer, winters in mountain valleys. Eats insects, seeds. Nests on ground.

ROCKY MOUNTAIN NUT-HATCH (6 in.) clings head-down on tree trunks, looking for insects and seeds. It stores food. This bird chatters constantly.

CLARK NUTCRACKER (12½ in.) summers in mountain forests. It will enter camps to beg food. In winter it descends to the pines and pinyons.

LONG-CRESTED JAY (13 in.), of Ponderosa Pine country, is handsome and arrogant. Hops about on the ground, hunting food and trouble. A form of the common Steller Jay.

BIRDS OF THE MESAS

ROCK WREN (5½ in.) is a sprightly, grayish-brown songster of canyon and mesa. Whitish tail patch. Winters in desert valleys.

MAGPIE (20 in.) is a handsome, long-tailed noisy bird. Colonies nest in trees and thickets. They feed on insects, carrion, and grain.

WESTERN MOURNING DOVE (12 in.), brownish, with pointed tail, is common. Nests on ground or low trees. Song is mournful "Coo-ah, coo, coo, coo."

WESTERN MEADOWLARK (9 in.), a chunky, brown and yellow songster of grasslands, has a black V on the breast. It eats seeds and various insects.

GOLDEN EAGLE (35 in.), a bird of mesa and mountain, is larger and darker than hawks. Young have white under wings. Eats rodents, carrion. Bald Eagle is rare in the Southwest.

SAY PHOEBE (7 in.), a buffy fly-catcher with tawny breast, nests in buildings and under ledges. It snaps up insects while on the wing.

WOODHOUSE JAY (12 in.) is a crestless, pale blue bird with a streaked gray chest. Noisy. Lives in oak and pinyon-juniper scrub.

PINYON JAY (11 in.) is chunky and dark. Flocks frequent junipers and pinyons. They are called Raincrows because of their cry.

BROWN TOWHEE (9 in.) is fluffy, brown, sparrow-like. Lives and nests on the ground in brush-land. Eats seeds and insects.

WESTERN BURROWING OWL (9 in.) is a small, long-legged ground owl with no ear tufts. Often seen by day near Prairie-Dog burrows and road culverts. Feeds on insects and rodents.

BIRDS OF THE DESERT

PHAINOPEPLA (7 in.) is crested, glossy blue-black, with white wing patches in flight, and flute-like song. Eats berries and insects.

CACTUS WREN (7 in.) builds nests for shelter as well as for rearing young, usually in cholla or Mesquite. Noisy. Eats insects.

DESERT SPARROW HAWK (9½ in.), a handsome bird, feeding mainly on grasshoppers and small mammals, is widespread in the Southwest.

WHITE-RUMPED SHRIKE (9 in.) captures grasshoppers, lizards, and small mammals. Impales surplus prey on thorns. Noisy, quarrelsome, and vicious.

ROADRUNNER (22 in.), state bird of New Mexico, rarely flies unless frightened. Solitary relative of the cuckoos. Eats insects, lizards, snakes. Often seen along roadsides and under saltbushes.

GILA (HE-lah) **WOODPECKER** (9 in.), named for the valley where it is most abundant, nests in cottonwoods or in stems of Giant Cactus.

ASH-THROATED FLYCATCHER (8 in.) frequents thickets where insects abound. Has slender body, large head, and pale yellow belly.

NIGHTHAWK (9 in.), of two common species, fills the air in erratic flight during summer dusk and dawn while pursuing insects. Nests on bare ground.

CRISSAL THRASHER (11½ in.) and three more desert thrashers all are rich songsters. They feed on the ground and nest in cactuses.

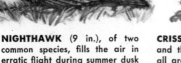

GAMBEL QUAIL (10 in.), a game bird with drooping head plume similar to California Quail, has a chestnut crown. Feeds and nests on the ground. Coveys converse in soft, spirited tones.

REPTILES

The reptiles of the Southwest include turtles, lizards, and snakes. The warm, dry climate favors the last two groups. All reptiles are "cold-blooded"; their temperature is about that of their surroundings. Stories as to the danger from desert reptiles are often exaggerated. Caution in walking through brush or climbing rocky places is common sense.

Turtles of the Southwest include both land (tortoises) and water species. Their shells, plated skins, and horny beaks set them off from other reptiles. Look for the famed Desert Tortoise at lower elevations.

Lizards are common throughout the Southwest. Some look like miniature dinosaurs; most eat insects and other small creatures. Only one lizard, the Gila Monster, is poisonous. It should never be handled.

Snakes are colorful and interesting. Many kinds (especially in summer) feed only at night. They eat insects, lizards, and small rodents. Most snakes are beneficial. Of the poisonous species in the Southwest, only rattlers are dangerous. Wear stout shoes when hiking and climbing. Always look before you step.

For further information read:

REPTILES AND AMPHIBIANS, Zim and Smith, Simon and Schuster, N. Y., 1953.
SNAKES ALIVE AND HOW THEY LIVE, Pope, Viking Press, N. Y., 1937.
HANDBOOK OF LIZARDS, Smith, Cornell Univ. Press, Ithaca, N. Y., 1946.
POISONOUS DWELLERS OF THE DESERT, Dodge, Southwestern Monuments Assoc., Globe, Ariz., 1955.

TURTLES AND TORTOISES

DESERT TORTOISE (10 in.), a heavy, club-footed, plant-eating turtle, can live several weeks without water. Activity governed by temperature. Female buries leathery-skinned eggs in sand to be hatched by sun's heat.

WESTERN BOX TURTLE (5-6 in.) prefers open, moist areas; may be seen along highways. Under-shell is hinged. Box turtles feed on insects and fruits. Fine pets; may live up to 80 years.

SONORAN MUD TURTLE (5 in.), like its eastern relatives, lives in permanent, sluggish streams, lakes, reservoirs. Long, smooth-shelled; emits characteristic musky odor. Feeds on young of aquatic insects.

EMORY'S SOFT-SHELLED TURTLE (18 in.; to 35 lb.) is the only Southwest member of an edible group with long necks and short tempers. Handle with care. Soft-edged shells; lack horny scales. Live in streams, reservoirs, lakes.

61

CLIMBING UTAS (6 in.), alert and agile, inhabit trees, cliffs, and rocky places, where they feed on insects. When quiet, their skin blends with the color of their surroundings.

COLLARED LIZARDS (14 in.) bite readily but are harmless. They inhabit mountain canyons; are fairly common. Run on hind legs when frightened. Eat insects and small lizards.

SHORT-HORNED LIZARD (4 in.), called "Horned Toad," eats ants and other small insects. It is illegal to remove this easily captured lizard from Arizona or New Mexico.

8-LINED WHIPTAIL LIZARD (11 in.) and its kin are slender, long-tailed lizards found at elevations up to 8,500 ft. Often heard rustling among fallen leaves. Feed on grubs and insects.

DESERT SPINY SWIFTS (10 in. long) have a rough-and-ready appearance. They usually frequent rocky or brushy country, often climbing small trees. Eat insects, especially ants.

CHUCKWALLAS are large (16 in.), plant-eating lizards, whose edible flesh was prized by Indians. Change color somewhat with light and temperature. Use thick tail as club in defense.

WESTERN GROUND GECKO or **BANDED GECKO** (5 in. long), with fine scales and thin, transparent skin, squeaks when caught. Hides by day, hunts spiders and insects at night. Lays several small white eggs at one time.

WHIPTAIL LIZARDS (9 in.) or **RACERUNNERS,** with mottled, spotted markings, are found on open hillsides and sandy washes. Slender, short-legged. Common in deserts, under shrubs or loose rocks.

SNAKES OF MOUNTAIN AND MESA

BLUE RACERS (4 ft.), related to eastern Blacksnakes, often crawl with head raised. They are variable in color, slender and agile, often climbing bushes and trees after insects, lizards, and eggs.

GOPHER SNAKES (5 ft.) resemble common Bull Snakes of the prairies in appearance and habits, but occur up to 7,000 ft. in the Southwest. Feed on rodents.

CALIFORNIA KING SNAKE (4 ft.), glossy black, has bands of creamy white in chain-like pattern. Found in California and Southwest; makes docile pet.

WESTERN GARTER SNAKES (3 ft.) (three main groups) vary in color and markings. Common in moist places; emit foul odor when caught. Eat fish, toads, worms.

HOG-NOSED SNAKE (3 ft.), with upturned, shovel-like snout, burrows for food. Prefers toads. Hisses and puffs up in defense, or plays dead. Suitable as pet; it practically never bites.

RED RACER (4 ft.), slender and strong relative of Blue Racer, hunts in trees and shrubs. Color varies from red-brown to dark gray. Abroad in daytime, it eats insects, mice, lizards, and birds.

LONG-NOSED SNAKES (2½ ft.) eat small mammals and snakes. Hunt at night; often killed by cars. Long snout indicates burrowing; otherwise little is known of habits.

ARIZONA RING - NECKED SNAKE (1½ ft.) is one of the largest ring-necks. Timid and retiring, it occurs in desert mountains. Sometimes called Thimble or Red-Bellied Snake.

FANGLESS or **SPOTTED NIGHT SNAKE** (16 in.) lives—like related Fanged Night Snake—in rocky locations. Slightly poisonous saliva helps subdue small mammals.

MOUNTAIN KING SNAKE (3 ft.) inhabits Ponderosa Pine belt. Kills small mammals and snakes by squeezing. May kill and eat small rattlers, also birds and eggs. Resembles the more brilliant Coral Snake.

WESTERN DIAMOND - BACK RATTLESNAKES (5 ft.), aggressive and dangerous, are widely distributed on mesa and desert. Rattle loudly when disturbed. Contrasting pattern on tail. Eats small mammals. Young born alive.

PRAIRIE RATTLESNAKES (3½ ft.), of at least six intermixing races, are common in dry grasslands, often in prairie-dog towns. Gather in "dens" to hibernate.

SIDEWINDER (2 ft.) travels in loose sand by winding or looping motion from side to side as it hunts small rodents at night. Rarely seen during day. Also called Horned Rattler for the hornlike ridge over each eye.

SONORAN CORAL SNAKES (18 in.), small, secretive, timid, are related to cobras. Poison is potent; could be deadly. No one bitten in Southwest so far as known. Identified by small head with black snout.

FIRST AID FOR SNAKE BITE Most visitors to the Southwest never see a rattlesnake. U-shaped pattern of tooth marks indicates non-poisonous bites; treat with a germicide. Double puncture of large fangs may confirm bite by poisonous snake. *Keep patient quiet;* send for doctor. Place tourniquet between bite and heart. Make ¼-in. X-cuts with sterile razor blade through each fang puncture. Maintain suction to promote bleeding. Loosen tourniquet briefly at 20-minute intervals.

GILA MONSTER (22 in.) is the only poisonous lizard in the U.S. Venom is secreted in lower jaw beneath the teeth. Although usually not dangerous, Gila Monsters can twist their heads and bite quickly. They should never be handled. Living in hot, dry desert flats or canyons, they remain in shade by day under brush or loose rocks. Feed on eggs, mice, lizards, young birds, rabbits.

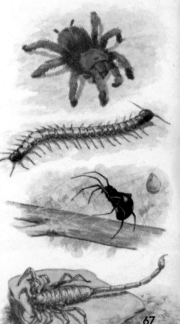

TARANTULAS (body 1-2 in.) are feared because of size and appearance. Rarely bite humans; bite painful but not serious. Jump-and-attack stories are untrue. Live in small burrows.

DESERT CENTIPEDE (7 in.), a large species, has a poisonous but not dangerous bite. Treat bite with antiseptic to prevent infection. Widely distributed in Southwest.

BLACK WIDOW SPIDERS (1 in. over-all) are poisonous and sometimes deadly. Only females bite. Call doctor if bitten. Spiders make webs in dark corners, feed on insects.

SCORPIONS (1-5 in.) may be deadly to small children, painful to adults. Shake bedding and clothing when camping. If stung, apply ice and call doctor.

67

INSECTS

CARPENTER BEES (½-¾ in.), re-sembling blue-black bumblebees, burrow into dry wood — timbers, posts, telephone poles.

GREEN FRUIT BEETLES have large size (¾-1¼ in.) and bright metallic colors. They eat figs, apricots, grapes, other fruit.

TARANTULA HAWK (¾-1½ in.) is a black-and-red or brown metal-lic wasp. Harmless to humans, it preys on spiders to feed its young.

YUCCA MOTH (½-¾ in.), by pol-linating yucca flowers, assures food for its young and seeds for the yucca. It flies at night.

WALKINGSTICKS (2-3½ in.), usually wingless, are slow, twig-like. Feed on broad-leaved trees; emit an odor offensive to birds.

Insects are everywhere and are especially numerous in frost-free desert climates. More kinds of insects are known than of all other animals. Some are helpful to mankind; others are injurious. Space permits only a brief introduction to a few of the thousands of species found in the Southwest.

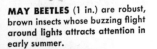

MAY BEETLES (1 in.) are robust, brown insects whose buzzing flight around lights attracts attention in early summer.

CICADA (1 in.) arouses curiosity with its shrill, vibrating song on hot summer days. Many species in Southwest.

BOXELDER BUG, common around Boxelder trees, is small (½ in.), flat. Young are bright red. Bug invades houses.

WHITE-LINED SPHINX MOTHS (2¼-4 in. wingspread), also called Hummingbird Moths, visit flowers at dusk, fearless of humans.

For more about insects read:

INSECTS, Essig, The Macmillan Co., N. Y., 1952.
INSECTS, Zim and Cottam, Simon and Schuster, N. Y., 1955.
INSECT GUIDE, Swain, Doubleday, N. Y., 1948.

FIRE ANTS (⅕ in.) and some others sting savagely. Apply hot compresses and ammonia. Destroy the nests with a soil fumigant.

BUMBLEBEES (1 in.) rarely sting. Treat the painful puncture as above. The biggest of the bees, these make large nests under the ground.

YELLOW JACKETS (⅘ in.) usually nest underground. They can sting viciously. Treat wounds like ant stings; destroy nests with care.

HONEYBEES (½ in.) are beneficial pollen carriers. Many wild colonies exist in Southwest. Sting painful; in numbers they are serious; call a doctor.

CONE-NOSED BUGS or **KISSING BUGS** (½ in.) are parasitic on wood rats. Bite can cause illness and pain. Summon doctor; apply hot Epsom salt packs.

70 POISONOUS INSECTS

Beaver: Largest of Rodents (34-35 in.)

WILD MAMMALS

Wild mammals of many kinds may be seen by watchful travelers. Beavers are increasing; elk are making a comeback; black bears occur in the mountains. In national parks and monuments, all mammals are protected in natural surroundings for you to observe and photograph. State and federal wildlife refuges (see p. 149) assure protection for a reservoir of game species. Diseases, parasites, food supply, animal and human enemies, and other natural factors produce population cycles among animals. All mammals, and plants or animals on which they feed, are involved in that complex interaction of all life and its environment which we call the Balance of Nature.

For more about Southwestern mammals read:

A FIELD GUIDE TO THE MAMMALS, Burt and Grossenheider, Houghton Mifflin Co., Boston, 1952.

LIVES OF GAME ANIMALS, Ernest Thompson Seton, Charles T. Branford Co., Boston, 1953 (6 vols.).

MAMMALS, Zim and Hoffmeister, Simon and Schuster, New York, 1955.

ANIMALS OF THE SOUTHWEST DESERTS, Olin, Southwestern Monuments Assoc., Globe, Ariz., 1954.

MAMMALS OF NORTH AMERICA, Cahalane, The Macmillan Co., N. Y., 1947.

American Black Bear: Black, Brown, or Intermediate (200-400 lb.)

BISON or **BUFFALO** *(right)* (5-6 ft. high; to 1 ton), staff of life for early Plains Indians, was almost exterminated in the 1880's. Herds now in wildlife refuges and national parks (p. 149).

MULE DEER *(left)* (3-4 ft. high; 175-200 lb.), both desert and mountain species, are numerous; provide good hunting (p. 154). White-tailed Deer also are found in many desert mountain ranges.

PRONGHORNS or **ANTELOPE** *(right)* seem to be increasing. Bands may be seen in W Texas, E New Mexico, and central Arizona. Dwellers of open grasslands, they are alert and fleet.

BIGHORN or **MOUNTAIN SHEEP** *(left)* survive in rugged mountain refuges, favored by isolation and adequate grass and browse. Poachers, parasites, and wild burros are their enemies.

MOUNTAIN LIONS or **COUGARS** *(left)* (80-200 lb.; 6-8 ft. long) are large, powerful cats that prey on deer and livestock. Wide-ranging but timid, they persist in rocky and scrubby country despite trapping and hunting.

GRAY FOXES *(right)* (7-13 lb.) are predators which help control rodents. They are sometimes seen at night in national parks, where they have become accustomed to people. Smaller than Coyotes.

COYOTES *(left)* (20-50 lb.) sometimes prey on calves, lambs, and poultry, but also help in rodent control. They are the commonest of Southwest predators, often seen trotting with tail down.

BOBCATS *(right)* (15-25 lb.; 30-36 in. long), alert and stealthy, are abroad in rocky, brushy country day and night. They eat small mammals, birds — occasionally calves, lambs, poultry.

SMALL MAMMALS OF THE MOUNTAINS

YELLOW-HAIRED PORCUPINE
(right) (25-30 in.), is common, clumsy; has quills on back and tail. Feeds mainly on herbs and inner bark of trees. Several races.

MANTLED GROUND SQUIRRELS (11 in.) burrow in mountain meadows and open slopes. Larger and chunkier than chipmunks, they have stripes from shoulder to hip.

CHIPMUNKS *(right)* (8 in.), vivacious, active rodents of several species, scamper over wooded and brushy slopes in search of fruits and insects. Five stripes from snout to tail.

MARMOTS or **ROCKCHUCKS** *(left)* (25 in.) live in colonies in mountain meadows and hillsides. Their call is a shrill whistle. Active all summer, they hibernate in winter.

POCKET GOPHERS (*left*) (9 in.) are rarely seen. Their burrows, dug in search of roots, honeycomb grasslands and meadows. Destructive; hard to control.

TUFTED-EARED SQUIRRELS (*right*) are large (18 in.), handsome, gray inhabitants of Ponderosa Pine forests. Most famous is the Kaibab Squirrel of North Rim, Grand Canyon.

PRAIRIE DOGS (*left*) (15 in.) are chubby, short-tailed rodents of grasslands. Once common, they have been reduced by farming and poisoning. National and state parks provide sanctuaries.

BLACK - TAILED JACKRABBIT (*right*) (20 in.) really a long-eared hare, is prolific, wary, fleet, and able to obtain moisture from food. Population fluctuates in cycles. Destructive to crops.

SMALL MAMMALS OF THE DESERTS

KANGAROO RATS *(right)* (12 in.), abroad at night, have large heads, long hind legs and tails. Note their burrow mounds. They get all the water they need from plant food.

COATIS *(left)* (4 ft.), of the raccoon family, have long, upturned snouts useful in rooting for food. Their long tails are carried erect. Often travel in bands of 30 or more.

KIT FOXES *(right)*, small (30 in.), with large ears, are widespread but rarely seen. Night hunters, they investigate camps or search for mice and lizards among rocks and brush.

RINGTAILS *(left)* (28 in.) inhabit caves and ledges, hunting at night for rodents. Catlike in appearance, they are related to raccoons. Eyes and ears are large; tails, long and banded.

PLANT LIFE

Next to majestic scenery, it is the rich and varied plant life that captures your interest in the Southwest. Here grow giant Ponderosa Pines and weird, dwarf cactuses. Lush alpine meadows overlook barren, alkaline flats. You cannot but marvel at the unusual adaptations of Southwest plants to their varied environments. Their beauty is apparent, and in many places the plant cover soothes a harsh landscape.

The following pages emphasize typical plants of the Southwest, using elevation, as represented by the mountains, mesas, and deserts, as a key to grouping the flowering plants, shrubs, and trees. The cactuses and the plants confused with them are treated separately.

Time your Southwest visit to see most plants in bloom. Spring is blossom time on the desert. Flowers of mesas and mountains are showiest after summer rains. Enjoy flowers, photograph them, but let them grow and mature their seeds. Wildflowers and other plants are protected in all national and state parks.

For more about flowers read:

FLOWERS OF THE SOUTHWEST DESERTS, Dodge and Janish, 1952.
FLOWERS OF THE SOUTHWEST MESAS, Patraw and Janish, 1953.
FLOWERS OF THE SOUTHWEST MOUNTAINS, Arnberger and Janish, 1952.
   (All above titles published by S.W. Monuments Assoc., Globe, Ariz.).
MEET THE NATIVES, Pesman, Smith Brooks Co., Denver, 1947.
FLOWERS, Zim and Martin, Simon and Schuster, N. Y., 1950.
A TRAVELER'S GUIDE TO ROADSIDE WILD FLOWERS, Taylor; Farrar, Straus, and Young, N. Y., 1949.

COLORADO COLUMBINE (2-3 ft.) is one of many showy species in the Southwest. Blue-and-white Columbine, state flower of Colorado, blooms among aspens June to July.

HAREBELL (1-1½ ft.) is a delicate, nodding blue bellflower growing widely in clusters on open mountain slopes and moist meadows. Blooms from June to September.

WESTERN YARROW (12-20 in.) is a common mountain flower with finely divided leaves. Blooms from June to September on roadsides and grassy meadows. Indians use it medicinally.

LEAFY-BRACT ASTER (½-4 ft.), yellow-centered, with blue or purple petals, is common along roads, slopes, and in forest meadows, August-September.

SKYROCKET GILIA (½-2 ft.), one of several common species with red, orange, or blue flowers, blooms throughout the summer in the Ponderosa Pine belt.

RICHARDSON GERANIUM (6-18 in.) blooms April-October in moist forest soil. Also called Cranesbill because of long beak on seed capsule. Relative of eastern woodland species.

SHOOTINGSTAR (6-18 in.) is a handsome flower of the primrose family growing singly or in clumps on stream banks or in moist places. Blossoms June through August.

SPREADING FLEABANE (4-20 in.) is often mistaken for an aster but has many more petals or rays. Common and widespread on lower slopes in summer and autumn.

COLUMBIA MONKSHOOD (3-5 ft.), tall, showy with deep blue, helmet-shaped flowers, contains poisonous alkaloids. Prefers open, moist places. Blooms June-Sept.

GENTIANS (6-18 in.), Blue and Fringed, are the queens of moist, open meadows in late summer and early fall. Roots have some medicinal value.

EVENING PRIMROSES (4 in.-4 ft.), both white- and yellow-flowered species, are common in summer and early fall. Blooms are large, loose, four-petaled.

LOCOWEED, or **MILKVETCH,** is one of many similar species (1-3 ft.). Pea-pod like flowers, white or cream to purple. Blossoms May-June. Some poisonous to livestock.

GAILLARDIAS (1-2 ft.) bloom May-October along roadsides and on sunlit flats among pines. Showy flowers, called "firewheels." Two common species.

CALABAZILLA GOURDS, like striped balls, develop from yellow, squash-like flowers. Vine, wide-spreading (10-15 ft.), has large, foul-smelling leaves.

WILD ZINNIA (½-1 ft.) makes golden patches on open flats, June-October. Hardy resident of dry mesas. Garden Zinnias come from Mexican species.

BLAZING-STAR (2-5 ft.) has 10-petaled flowers on slender, branching stems, open afternoons May-August. Clinging leaves give the name "Stickleaf."

SNAKEWEED (1-1½ ft.) covers rocky mesa tops with yellow clumps in late summer and fall. Unpalatable to livestock, its presence means overgrazed range.

GOLDEN CROWNBEARD (2-5 ft.) is the common yellow-centered, notch-petaled sunflower that fills field and roadside. Blooms late spring to November.

PALMER PENSTEMON (1-3 ft.), one of many western species, has flowers ranging from violet to scarlet. Common March-August, often on rocky hillsides.

ROCKY MOUNTAIN BEEPLANT (3-5 ft.) thrives along roadsides and fencerows, June-September. Crushed leaves smell bad; hence one other name—Skunkweed.

ARIZONA LUPINE, handsome blue finger-leaved pea, helps produce the desert's gorgeous spring display. Bluebonnet, state flower of Texas, also is lupine (1-3 ft.)

GOLDPOPPY or **CALIFORNIA POPPY** (4-18 in.), state flower of California, covers the spring desert with a cloth of gold after rainy winters. Mixes with lupine, Owl-clover, and other spring annuals.

DESERT - MARIGOLD, with its showy, long-stemmed, yellow, wheel-shaped flowers, makes bright golden patches at road-sides and in desert washes from March to October (1-2 ft.).

SACRED DATURA (1-3 ft.) has gray-green leaves and large, white, trumpet-shaped flowers, which close in sunlight. Indians used the narcotic seeds and roots.

PRICKLYPOPPY (2-3 ft.), with its tissue-paper-like petals, is unpalatable to livestock and indicates overgrazed range. Sap is yellow and sticky.

WILD-POTATOES (10-18 in.), some spiny, some smooth, with globular fruits, are widespread in summer. Other nightshades are common on mesas and prairies.

SANDVERBENAS (3-8 in.) carpet roadsides and sandy flats in spring. Fragrant pink to purple flowers grow in masses or mingle in the desert's gay color pattern.

BRITTLEBUSH (2-3 ft.) is abundant on rocky slopes, flowering from November to May. Also called Incenso, as dried sap was used as incense in early churches

DESERT-SENNA (1-2 ft.), with golden to bronze flowers, makes a riot of color along roadsides, April-May. Woody seed pods, noisy when shaken, give local name of Rattleweed.

FILAREE (4-6 in.) is a naturalized but widespread spring annual. Twisted seed stems, if moistened, unwind and force the seeds into the soil.

PURPLEMAT carpets desert sands in early spring with large flowers on small, low (1-3 in.) plants. Hairy leaves make plants appear frosted.

PAPERFLOWER (1-1½ ft.) gets its name from the thin, faded, persisting petals. Showy yellow blossoms cover the plants, often in dry seasons when other flowers are absent.

CACTUSES

Cactuses (or Cacti) are Western Hemisphere succulents abundant in the Southwest. From tiny Button Cactus to 10-ton Saguaro (ṣuh-WAR-oh), they are recognized by fleshy, leafless, green stems, often covered with clustered spines. Two hundred of the more than 1,200 species of cactus are native to the United States. Closest relatives are violets, begonias, and passion flowers. Most cactus flowers are large, colorful, and attractive. Indians and desert animals eat the fruits. Stem cells store water after rains, and the plants' organs are designed to prevent loss of moisture. Some plants withstand 2 years of drought. Many Southwestern plants with spines, thorns, or sharp-pointed leaves are mistaken for cactuses. Four of them are pictured on p. 90.

For more information on cactuses read:

THE CACTI OF ARIZONA, Benson, Univ. of Arizona Press, Tucson, 1950.
THE CACTUS AND ITS HOME, Shreve, Williams & Wilkins Co., Baltimore, 1931.
THE FLOWERING CACTUS, Carlson, McGraw-Hill, N. Y., 1954.

SAGUARO or **GIANT CACTUS** (20-40 ft.), limited to S Arizona, is one of the Southwest's "trademarks." Arizona's state flower, it blooms in May. Fruit edible.

ORGAN PIPE CACTUS is found only in Southwest. Long (10-15 ft.) stems have many smaller ridges. Blossoms open at night in May.

SENITA CACTUS (4-8 ft.), a Mexican species, has shorter, less-fluted stems than Organ Pipe. In U.S., found only in Organ Pipe Cactus National Monument. Also called Whisker Cactus.

NIGHT-BLOOMING CEREUS (2-8 ft.) is drab but produces magnificent, fragrant white flowers, each open for one night in June or July. Has an immense, beet-like root.

CHRISTMAS CHOLLA (2-3 ft.) has long, thin joints, and grows in clumps. It produces attractive, olive-sized red fruits, which ripen in December.

TREE CHOLLA (CHO-yuh) 3-12 ft.) has loose branching joints that cling to anyone brushing against them; hence the alternate name, Jumping Cactus.

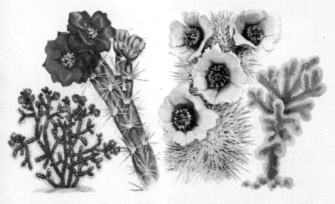

CANE CHOLLAS (3-8 ft.), of several species, are widespread up to 7,000 ft. Red- or bronze-flowered species are spectacular, May-July. Persistent yellow fruits.

TEDDYBEAR CHOLLA, small (2-5 ft.), tree-like, prefers hillsides. Dense, silvery spines look woolly. Fallen joints root. Flowers pale yellowish-green.

BEAVERTAIL CACTUS *(right)* has magenta flowers April to June. Low-growing (1-1½ ft.), it lacks spines. Small depressions give the flat joints a pocked appearance.

ENGELMANN'S PEAR *(left)* (1½-5 ft.) is the common, robust, yellow-flowered Prickly Pear, widespread in the Southwest. Mahogany-colored fruits, called "tunas," are edible when ripe.

BLIND PEAR *(right)* is an erect (1-2 ft.) yellow-flowered, spineless cactus with tiny barbed, irritating bristles. Common in the deserts of S New Mexico and W Texas.

PURPLE TINGE PEAR *(left)* (1½-4 ft.), another high desert species, similar to Engelmann's, has purplish joints, especially during drouth or cold weather. Yellow flowers of one species have bright red centers.

BARREL CACTUSES *(left)* (1-6 ft.) are common in desert. Large ones like small Saguaros but with stout, hooked spines. Several species with pink, yellow, or orange flowers bloom May to September.

PINCUSHION CACTUSES *(right)* are similar to Fishhook species *(below)*, but they are globular and they grow singly or in clusters. They have short, flat-lying spines.

HEDGEHOG CACTUSES *(left)* form low (1-1½ ft.) clumps with the unbranched, cucumber-shaped stems. Flowers range from pink to magenta. Some blossom as early as March; most, later.

FISHHOOK CACTUSES *(right)* are small (2-10 in.). Several species produce tiaras of large, exquisite, lavender to purple flowers in early summer. Slender, curve-tipped spines resemble long-shanked fishhooks.

BLOCKY-STEMMED CACTUSES 89

PLANTS CONFUSED WITH CACTUSES

CRUCIFIXION THORNS *(right)* are leafless, densely thorned desert shrubs (4-10 ft.) with green bark. Similar are Mohave Thorn and Allthorn.

YUCCAS (YUH-kuhs) *(left)*, narrow-leaf and broad-leaf, vary from small bushes to bulky trees; belong to the lily family. Stiff, sharp-tipped leaves and clusters of creamy flowers.

OCOTILLO (oh-ko-TEE-oh) *(right)* is a thorny shrub with long (8-12 ft.), whip-like, unbranched stems tipped in April-May with bright red flower clusters. Re-leafs after rain.

CENTURY PLANTS *(left)* form low crowns of stout, spine-tipped leaves. After years of food storage, plant produces 10-15 ft. flower stalk, then dies. Indians eat roasted bud stalk.

90

TREES AND SHRUBS

The Southwest possesses over 50 million acres of forested land. Pinyon and juniper woodlands cover many mesas; spruce, fir, and aspen clothe higher mountain slopes; and desert watercourses are lined with Mesquite thickets. The Colorado Plateau supports extensive commercial forests of Ponderosa Pine. Trees and shrubs grow at all elevations. The number, type, and size vary with temperature, moisture and topography.

Vegetative cover is vital in protecting watersheds, providing food and shelter for animals, and giving people hunting, fishing, and other recreational pleasures. Fire is a major forest enemy. Extinguish your campfires thoroughly, and put out all cigarettes and matches before discarding. Insects and tree diseases sometimes spread rapidly, destroying large areas of timber. Parasitic mistletoe is widespread, being very noticeable on junipers. It can kill or seriously damage valuable stands of commercial timber.

For more about Southwest trees and shrubs read:

ROCKY MOUNTAIN TREES, Preston, Iowa State Coll. Press, Ames, 1947.
SOUTHWESTERN TREES, U.S. Dept. Agr., Agricultural Handbook #9, Govt. Prtg. Office, Washington, D. C.,'1950.
TREES AND SHRUBS OF SOUTHWEST DESERTS, Benson and Darrow, Univ. of U. Mex. Press, Albuquerque, 1954.
TREES, Zim and Martin, Simon and Schuster, N. Y., 1955.

Juniper with Mistletoe   **Mistletoe**

MOUNTAIN CONIFERS

WHITE FIR *(right)* has a cone-shaped crown, short branches, and flat, silvery-green needles, which curve upward. Upright cones at top of tree. Common at 8,000-11,500 ft., it may grow 100 ft. tall.

SPRUCES *(left)* (80-100 ft.) form dense stands usually on north slopes, extending up to timberline. Papery, pendent cones. Blue Spruce is state tree of Colorado.

DOUGLAS FIRS *(right)* are not true firs. Timber trees, up to 130 ft. tall, they are found in Southwest mountains up to 11,000 ft. Small ones are prized as Christmas trees.

PONDEROSA PINES *(left)* form open forests. Trees, valued for lumber, grow 4 ft. through, 180 ft. high. Needles 5-7 in. long, clusters of 2 or 3. Cones robust.

LIMBER PINE *(left)* has a broad, open crown and long, plume-like branches. Trees, 25-50 ft. high, prefer ridges and open summits up to 12,000 ft. Needles 5 to a cluster. Hanging brown, thick-scaled cones, 4 to 8 in.

ALPINE FIR *(right)* is a tall (40-80 ft.), slender, spire-like tree found along alpine meadows. At timberline, dwarfed and twisted. Cones, upright, are deep purple.

FOXTAIL or **BRISTLECONE PINE** *(left)*, an alpine tree 30-40 ft. high, of irregular shape, often grows with spruces in thin, rocky soil. Needles short, 5 in a cluster.

LOW JUNIPER *(right)*, a spreading shrub, often grows under alpine trees. Foliage gray-green, scale-like. Often used in landscaping.

93

MOUNTAIN SHRUBS

POISON IVY *(right)* is found in moist canyons from 3,000 to 8,000 ft. Note the three shiny green leaflets. Look for it before making camp. Wash affected skin in strong soapy water.

BUCKBRUSH *(left)* forms low (3-ft.) thickets in pine forests. Deer browse foliage. Indians eat berries, make medicine from leaves. White flowers open April-October.

WESTERN THIMBLEBERRIES or **SALMONBERRIES** *(right)* are raspberry-like shrubs with large white blossoms. Found in pine forests or on spruce-dotted slopes. Birds eat the seedy fruits.

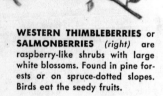

WATER BIRCH *(left)*, sometimes of tree size, often forms dense, shrubby thickets along streams. Lustrous bronze bark, rounded toothed leaves, and catkin-like flowers aid identification. The only native Southwest birch.

ARIZONA MOUNTAIN ASH *(left)*, an irregular shrub (6-10 ft.) of Transition and Canadian zones, rarely reaches tree size. Orange fruits are eaten by birds. Attractive; used in landscaping.

WILD RASPBERRIES *(right)*, ancestors of cultivated species, thrive in moist, rich soil of pine and spruce forests. Soft, red fruits enjoyed by man, beast, birds.

CHOKECHERRY *(left)* (15 to 25 ft.) may reach tree size and usually forms thickets along streams. This is a sacred plant of the Navajo Indians. Fruits are eaten by birds.

ALDER-LEAF MOUNTAIN MAHOGANY or **CERCOCARPUS** *(right)* (4 to 10 ft.) is recognized by fuzzy, twisted seed "tails." It prefers open, dry ridges in oak or white fir thickets. Sometimes browsed by deer.

95

ALDERS *(right)* sometimes grow to a height of 60 ft. and a trunk diameter of 3 ft., always in moist locations. Several species grow in mountains of the Southwest. Mountain alder (illustrated) is common.

QUAKING ASPENS *(left)*, mistaken for birch because of their white bark, take over mountainsides after forest fires. The leaves, on slender, flattened stalks, become a rich golden-yellow in autumn.

PEACHLEAF WILLOW *(right)*, found in moist locations, occasionally grows to a height of 30 ft. Other Southwest willows are also shrubs or small trees.

ROCKY MOUNTAIN MAPLE *(left)*, found as high as 9,000 ft. on moist hillsides, is small (rarely over 20 ft.). These maples are conspicuous in autumn as leaves turn scarlet.

UTAH JUNIPER *(left)*, in pure stands or with Pinyon Pine, marks upper Sonoran life zone. Rarely 20 ft. high. Used for fence posts or kindling. Commoner in Arizona and Nevada than New Mexico. Fruits purple to brownish.

ROCKY MOUNTAIN JUNIPER *(right)*, also called Colorado Red Cedar, is widespread. Drought-resistant, irregular, low-branching, 20-40 ft. high, it has fibrous bark, blue fruits, typically scaly leaves.

ONE-SEED JUNIPER *(left)*, ranging into Mexico, is a small, spreading shrub or tree (10 to 25 ft.). Fruits are bluish or coppery with seed sometimes exposed. Foliage scale-like.

ALLIGATOR JUNIPER *(right)* has furrowed, platy bark like alligator skin. Trees grow slowly. Large specimens, 30-50 ft. high, trunks up to 32 in., may be 500-800 years old. Red-brown fruit.

PINYON PINES The pungent odor of Pinyon (PIN-yon) smoke is a cherished memory to campers and old-timers. Pinyon wood was used for fuel by Pueblo Indians and by cliff dwellers before them. It was used by the Spanish and is still popular. Pinyon nuts, the seed of these pines, furnish food for wildlife, as well as for some Indians; Navajos travel many miles to harvest them after the cones open, September-October. Buy them at trading posts. The three species of Pinyon Pine are easily recognized by the number of needles in a bundle. The Singleleaf Pinyon grows in Nevada and Utah. The Colorado Pinyon (two needles) is widespread throughout the upper Sonoran zone. The Mexican Pinyon (three needles) ranges into western Texas and southeastern Arizona. Pinyons may grow in pure stands but often mingle with junipers and scrub oaks. They may reach a height of 30 to 50 ft. Trunks are short and twisting, and the crowns of older trees are spreading and branched. Wood is weak, brittle, and coarse-grained. Pinyon is the state tree of both Nevada and New Mexico.

Singleleaf Pinyon Pine   Colorado Pinyon Pine   Mexican Pinyon Pine

INLAND BOXELDER *(left)*, sometimes 50 ft. tall, is a maple. Short-lived; subject to storm damage. Used as a shade tree, for it grows rapidly, even in poor soil. Thick, hairy, compound leaf, with three coarsely toothed leaflets.

NEW MEXICO LOCUSTS *(right)* (15-25 ft.) form thickets along foothill streams or with oaks on dry slopes. Sometimes planted as an aid in erosion control. Rose-colored, pea-like blossoms, in drooping clusters, open in May-June.

NARROWLEAF COTTONWOOD *(left)* and other cottonwoods (50-75 ft. high) border streams and washes on mesas and in canyons. Common throughout Southwest, these species are widely planted for shade.

GAMBEL-OAK *(right)* (15-35 ft.), with lobed leaves and scaly bark, is the common scrub oak of the mesas, growing alone or forming thickets with locusts and pinyons. Wildlife eat the acorns in winter.

SHRUBS OF THE MESA

UTAH SERVICEBERRY *(right)* (5-12 ft.) is widespread on mesas and foothills. Attractive white flowers open in April-May. Birds and Indians harvest the small juicy fruit; deer browse on leaves.

BIG SAGEBRUSH *(left)* (3-7 ft.), famous in song and story, occurs on Southwest mesas but is more common to the north. Note toothed leaves, shreddy bark, and tiny yellow flowers in fall.

RABBITBRUSH *(right)* (2-10 ft.; several species) may be mistaken for sagebrush except in September, when the coarse shrubs are covered with small, yellow, ill-smelling flowers.

APACHE PLUME *(left)* (3-6 ft.) affords browse for deer and livestock. White flowers in May, followed by plumed seed heads, aid identification. Helpful as a soil binder.

TESOTA or **DESERT IRON-WOOD** *(left)* (20-30 ft.), once common, has been decimated by use as firewood. Bears masses of lavender flowers in May. Edible seeds.

YELLOW PALOVERDE *(right)*, with golden spring blooms and green bark, is common along desert washes. Rarely 30 ft. tall, it is, like Mesquite, a member of the pea family.

CATCLAW ACACIA *(left)* (10-20 ft.) bears fuzzy yellow flowers April to October. It forms dense thickets on poor, dry canyon soils. Curved thorns give it the name Wait-a-Minute Bush.

MESQUITE (mess-KEET) *(right)* thickets line desert washes. Trees (15-25 ft.) have spiny twigs, delicate leaves, fragrant yellow flowers (April-May), and bean-like fruit pods.

101

TREES OF THE DESERT

DESERTWILLOW *(right)* (12-30 ft.), relative of Catalpa, is a shrub or small tree covered in summer with orchid-colored flowers. Long, slender seed pods; very narrow, lance-shaped leaves.

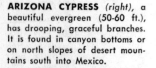

TAMARISK *(left)* (several naturalized species) is spreading rapidly as a pest tree along watercourses. It endures alkaline soils and bears plume-like pink flower clusters in spring.

ARIZONA CYPRESS *(right)*, a beautiful evergreen (50-60 ft.), has drooping, graceful branches. It is found in canyon bottoms or on north slopes of desert mountains south into Mexico.

ARIZONA SYCAMORE *(left)* (60-80 ft.), with white, splotched trunks and spreading limbs, grows along streams in desert mountains. Soil-binding roots retard erosion. Blooms in April-May.

CREOSOTEBUSH (left) (4-11 ft.) is so widespread that it commonly marks the Lower Sonoran zone. Small yellow flowers, fuzzy white fruits, and glossy, paired, musty-smelling leaves. Twigs resinous; leaves "varnished" to reduce evaporation.

SALTBUSH (right) (2-4 ft.), often mistaken for sagebrush of higher elevations, grows in alkaline soils. Narrow, grayish leaves. Produces clusters of papery, 4-winged fruits.

MORMON-TEA (left) (2-4 ft.) grows on mesas as well as in deserts. Dried, the leafless stems made a tasty brew for early settlers. Inconspicuous yellow spring flowers attract insects.

WOLFBERRY (right) (3-6 ft.) is a stiff, thorny, winter-blooming shrub often becoming dormant in summer. Small, tomato-like fruits are eaten by birds and gathered by Indians.

103

SHRUBS OF THE DESERT

MESCALBEAN or **CORALBEAN** *(right)* (4-15 ft.), stout, has glossy green leaves and wisteria-like flowers. Woody seed pods hold 3-4 bright red, poisonous seeds.

JOJOBA (ho-HO-bah) *(left)* is a handsome, broad-leaved evergreen (3-6 ft.) abundant on dry slopes. An excellent browse plant, with acorn-like fruits which were eaten by Indians.

FAIRYDUSTER *(right)*, a sprawling, fine-leafed shrub (1-3 ft.), is common on dry slopes. Palatable to deer and valuable as a soil binder, it blooms from March to May.

SMOKETREE *(left)* (4-12 ft.) grows in sandy washes below 1,000 ft. Indigo flowers and slender, gray, drooping, leafless branches make it especially attractive in April and May.

San Francisco Peaks Near Flagstaff—Highest Point in Arizona

THE GEOLOGICAL STORY

The Southwest as a land began perhaps two billion years ago when the earth's crust formed. Rocks at the bottom of Grand Canyon are over a billion years old. For about 500 million years, much of the present Southwest was under shallow seas, and the deep sediments that piled up were slowly compressed into rock. The land rose and was submerged again and again. For the past 100 million years, most of the Southwest has been above water. Erosion wore down mountains, filling valleys with the debris, which was buried deep and hardened into rock. The great Rocky Mountain mass was pushed up, and huge volcanoes spewed lava and cinders over hundreds of square miles. While those building processes were at work, rain, wind, rivers, and ice were cutting away rock, wearing down valleys, gouging out canyons, and shaping the Southwest into the breath-taking scenery you see today. As part of this story, the geological history of the Southwest is outlined on pp. 106-107.

For more about rocks and earth history read:

PHYSIOGRAPHY OF WESTERN U.S., Fenneman, McGraw-Hill, N. Y., 1931.
DOWN TO EARTH, Croneis and Krumbein, Univ. of Chicago Press, 1936.
MINERALS, Zim and Cooper, Harcourt, Brace and Co., N. Y., 1947.
THE ROCK BOOK, Fenton and Fenton, Doubleday & Co., N. Y., 1950.
ANCIENT LANDSCAPES OF THE GRAND CANYON REGION, McKee, 1952.

Geological Time Divisions	Millions of Years Ago	Characteristic Life of Period in Southwest	Major Events of This Time
Recent:	.015 to .025	Man came from Asia, using tools, language, and building a social system. Ground Sloth, Mammoth, Saber-Toothed Cat, and other mammals.	Activities of man, especially agricultural, changed the surface of the earth. Climate cold. Glaciers advance and recede.
Pleistocene	2		
Cenozoic:		Development of flowering plants. Mammals became important and spread over land and into sea. Early horses and camels.	Great period of mountain building. Rocky Mts. pushed up. Volcanoes in Rocky Mt. area. Much erosion. Climate became mild.
Pliocene	12		
Miocene	30		
Oligocene	40		
Eocene	55		
Paleocene	60		
Mesozoic:		Backboned animals spread on land. Age of Reptiles marked by dinosaurs. First birds appeared. Land plants, such as cycads, palms, and simple conifers, developed.	Last great spread of the seas. Climate became cool. Period of erosion, with shallow seas covering small basins. Land often flooded and very swampy.
Cretaceous	130		
Jurassic	168		
Triassic	200		
Paleozoic:		Mosses and ferns became abundant on land, as plants and animals spread farther in seas. First backboned animals (fish) appeared. Amphibians and reptiles developed.	Climate cold, with glaciation. Lands low; seas and swamps spread, with alternate flooding and erosion. Thick sediments deposited. No mountain building.
Permian	235		
Pennsylvanian	315		
Mississippian	330		
Devonian	350		
Silurian	375		
Ordovician	445		
Cambrian	550		
Proterozoic:		First clear and direct evidence of simple life in the sea—algae, bacteria, and protozoans.	Great eruptions, huge lava flows, and intrusive activity. Mountains uplifted and worn away. Glaciation.
Keweenawan	800		
Huronian	1,050		
Temiskaming	1,200		
Archeozoic:		Indirect evidence of sunshine, rain, wind, clouds, oceans, rivers, and earth movements. No certain evidence of life.	Earth's crust gradually formed; continents and oceans developed. Continuous volcanic action.
Laurentian	2,000		
	to		
Keewatin	3,000		

IN THE SOUTHWEST

Where These Geological Formations May Be Seen

Principally volcanoes and sand dunes. San Francisco Volcanic Field. Near Grants, Carrizozo, and Raton, N. Mex. White Sands, Great Sand Dunes, Big Bend, Bandelier, Tonto, Petrified Forest, Lake Mead, and Death Valley.

Great Sand Dunes, Petrified Forest, Chiricahua, Organ Pipe Cactus, Tonto, Black Canyon of the Gunnison, Bandelier, Lake Mead, Death Valley, Big Bend, Bryce Canyon, Cedar Breaks, and many other places.

Mesa Verde, Big Bend, Tonto, Capulin Mt., Chiricahua, Death Valley, Rainbow Bridge, Arches, Black Canyon of the Gunnison, Navajo, Capitol Reef, Cedar Breaks, Petrified Forest, Grand Canyon, Zion, Canyon de Chelly, Colorado Nat. Mon., and many other locations.

Carlsbad Caverns, Big Bend, Grand Canyon, Lake Mead, Canyon de Chelly, Walnut Canyon, Natural Bridges, Organ Pipe Cactus, Death Valley, and many other locations.

Death Valley, Great Sand Dunes, Organ Pipe Cactus, Tonto, Lake Mead, Grand Canyon, Black Canyon of the Gunnison, Chiricahua, Colorado Nat. Mon., and other locations.

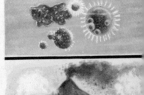

Great Sand Dunes, Chiricahua, Black Canyon of the Gunnison, Lake Mead, Grand Canyon, and some other places.

107

ANCIENT LIFE IN THE SOUTHWEST has been traced back for over 500 million years. The first simple life was in the sea. More spectacular have been the backboned animals living here during the last 200 million years. These have included fish, amphibians, reptiles, and mammals.

TITANOTHERES — large, extinct mammals related to early horses and rhinoceros. Many species in North America; this one from Death Valley Oligocene rocks.

ERYOPS, a heavy, 5-ft.-long amphibian, is found in Permian beds of Texas. A marsh dweller, with strong, sturdy legs well adapted for life on land.

MAMMOTH was one of the widespread hairy elephants of Pleistocene times. Definite evidence exists that early man hunted these ice-age beasts.

CEPHALASPIS, an armored Devonian fish, grew 1-2 ft. long (some kinds larger). Typical descendant of first backboned animals. Fossils from Colorado.

TYRANNOSAURUS, of the Cretaceous period, was 20 ft. high. Not the largest dinosaur, it was the most fearsome, with great claws and teeth.

Numerous dinosaur remains have been found in western North America, among them some of the largest known. Dinosaur tracks, remains of their skeletons, and fossils of other sea and land animals and early plants may be seen in local museums in the Southwest.

GROUND SLOTH was a huge, clumsy plant-eater of the Pleistocene. Bones, skin, dung, and hair have been found in caves, some near human remains.

GLYPTODON, a contemporary of the Ground Sloth, was a heavily armored and armed relative of the Armadillo, 8 to 10 ft. long. Once widespread.

PHYTOSAURS, reptiles of crocodilian appearance, were common in the Triassic. Not ancestors of living crocodiles. Probably fish-eaters.

EOHIPPUS (ee-oh-HIP-us), first of the horses, had toes instead of hoofs. About the size of a small dog. Common on Southwestern prairies in Eocene time.

MOSASAURS, marine lizards, 15-20 ft. long, roved shallow Cretaceous seas. Many species, mainly fish-eaters, occur in Texas chalk beds.

Specimens of Petrified Wood

PETRIFIED WOOD occurs widely. Spectacular deposits are found in the Southwest (see p. 127). Here, 160 to 180 million years ago, grew huge forests of Araucaria Pines. Many trees decayed where they fell, but some were carried away by streams to be stranded and later buried in sand, mud, or volcanic ash. Deposits 3,000 ft. thick accumulated over them when shallow seas covered the region. Through complicated natural processes the wood cells were infiltrated with silica-bearing water. Cell structure, annual rings, and other features of the original wood have thus been retained in the agate that formed. Silica is colorless, but traces of iron, manganese, and other minerals gave it shades of yellow, blue, red, and brown. The petrified logs lay buried for millions of years. Uplift of the region when the Rocky Mountains were formed accelerated erosion, and the petrified trunks were uncovered; many of them were cracked into uniform lengths by earth tremors. Some agatized wood takes a beautiful polish and is used in jewelry.

Scene at Petrified Forest National Monument

ROCK AND MINERAL WEALTH has colored the Southwest's past and helped make the region, including its marvelous scenery, what it is today. Rocks are natural materials forming the earth's crust. Minerals are chemical elements or inorganic compounds found in nature. Most rocks are composed of minerals. By studying rocks, scientists learn of conditions that prevailed at the time these materials were formed. Minerals are a source of valuable metals and nonmetallic chemical compounds.

FOOL'S GOLD (iron pyrites) *(left)* is iron sulfide, common in veins. Hard and brittle, it fools amateurs but not miners. Occasionally associated with gold deposit.

CALCITE *(right)*, calcium carbonate, in many forms, accompanies other minerals in veins. It is found as clear or tinted crystals. Dissolves with bubbles in weak acid.

GYPSUM *(left)*, calcium sulfate, is often found in clay as single or fish-tailed crystals of selenite. Also common as soft, white layers in some sediments formed under arid conditions.

TURQUOISE *(right)*, found in veins in arid lands, is the gem stone of the Southwest. Long prized by Indians, it is now sold widely. Beware of cheap stones and cheaper imitations.

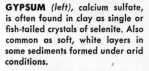

111

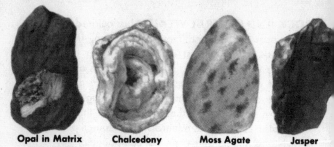

Opal in Matrix   **Chalcedony**   **Moss Agate**   **Jasper**

QUARTZ, or silica, world's most common mineral, occurs in sand, sandstone, and other rocks. Milky Quartz fills veins, may indicate presence of gold. Crystals of quartz, always 6-sided, are found in rock cavities. Smoky Quartz is gray to black; Amethyst, purple. Jasper, agate, chalcedony (kal-SED-nee), and flint are noncrystalline. Opal contains water, never forms crystals; it may be colorless or have rainbow tints. Chalcedony is translucent, waxy, usually gray or dull; it lines cavities or forms concretions. Moss Agate is light-colored translucent or clouded agate with included dendrites, suggesting moss. Jasper is opaque chalcedony, yellow or brown with bands or irregular markings. Mason and Llano Counties, Tex., contain nearly 100 different gem materials, including quartz forms. Gem Village, 18 miles east of Durango, Colo., is the center of a rich rock-collecting territory.

For other Southwest gem localities see GEM HUNTERS' GUIDE, MacFalland Chagnon, Science and Mechanics Publishing Co., Chicago, 1953.

Rose Quartz   **Crystal Quartz**   **Amethyst**

ORES of the Southwest have yielded many millions of dollars in precious and useful metals. Mining brought people to the Southwest, and it is still an important industry, though activity fluctuates with demand. Gold, copper, lead, silver, zinc, uranium, vanadium, and tungsten are the major metals. Nonmetallic products include feldspar fluorite, coal, pumice, gypsum, bentonite, asbestos, sulfur, mica, potassium, sand, and gravel. Petroleum and natural gas are also of first rank.

ZINC ORE, sphalerite, zinc sulfide, is yellow to dark brown, glassy, shiny. Occurs in veins, often with galena. This zinc ore slowly changes into other zinc minerals.

LEAD ORE, galena, is lead sulfide, a brittle, heavy, silvery mineral. In the Southwest, galena often contains silver. Other lead ores form from galena by action of air and water.

SILVER is sometimes found as the native element, more often as argentite, a silver-sulfur compound. In the Southwest, silver occurs with lead and zinc ores.

GOLD, not of great importance in the Southwest, is heavy, soft, and yellow. In most gold ore, the gold is minute. Chances of finding visible gold are remote.

Azurite and Malachite

Chrysocolla

Chalcopyrite

Carnotite

Fluorite

COPPER, used since ancient times, is important in the Southwest, where the great open-pit mines are world-famous. Copper sometimes occurs as the soft native metal. Most important of the Southwest ores, malachite (green) and azurite (blue) are often found together and are occasionally of gem quality. Chrysocolla, a compound of copper and silica found with quartz and resembling turquoise, is sometimes used for jewelry. Chalcopyrite, an ore of copper, sulfur, and iron, is similar to iron pyrites (p. 111) but is yellower.

URANIUM ORE may contain up to about half its weight in uranium. The soft, crumbling, yellowish ore, carnotite, has long been known in the Southwest and is now mined in the "Four Corners" area. Few deposits are rich; the search for richer ones continues.

FLUORITE, or calcium fluoride, is used in the steel, aluminum, and chemical industries. It occurs as yellow, green, blue, and purple masses in sedimentary rocks and in ore veins. Cubic crystals are common. Too soft for gem use, fluorite is carved for lamps and ornaments.

SEDIMENTARY ROCKS are the commonest of the rocks that form the basic structure of the earth's surface. They are made of debris, or organic or chemical deposits. Some are coarse, but commoner in the Southwest is sandstone, made in ancient deserts, lakes, and seas of cemented grains of sand. Shale is a hardened mudstone. Limestone, widely deposited and usually fine-grained, was formed from remains of shellfish or through chemical action in shallow seas. In the dry Southwest it caps some mesas and plateaus.

Sandstone

Limestone

METAMORPHIC ROCKS are formed when sedimentary or igneous rocks (pp. 116-117) are altered by heat or pressure. They are found in Southwest mountains and canyons. Schists are altered rocks that usually shine with mica and show contorted bands resulting from the pressures under which the rocks were formed. Gneiss (pronounced NICE) is metamorphosed granite, shale, or sandstone in which less mica formed during the change. Shale may turn into slate, limestone into marble, sandstone into quartzite, when metamorphosed.

Gneiss

Schist

Granite

Diabase

Felsite

IGNEOUS ROCKS are more widespread in the West than elsewhere. They form from material in or beneath the earth's crust which becomes molten. This thick liquid (magma) varies chemically and produces different rock types. If it cools slowly within the earth's surface, it crystallizes into minerals, including ores. Granite, usually made of feldspar, quartz, and mica, is such a rock. Diabase, containing more of the dark minerals, is common in the formations known as dikes and sills. If lava pours out onto the earth's surface and cools fast, rocks formed are fine-grained. Most result from volcanoes and are hard to identify. Light, pink, gray, or yellow fine-grained ones are called felsite. Obsidian, glassy black or brownish, is lava that cooled fast. Glass bubbles in lava may make a froth that cools as pumice, so light that it floats. Common black lava, basalt, occurs widely in many forms.

Obsidian   **Pumice**   **Basalt**

Active Volcanoes Were Once Numerous in the Southwest

VOLCANOES AND LAVA FLOWS dot the Southwest. Only remnants remain of old volcanic fields, but recent volcanoes retain their original structure. Cinder cones are common, as are larger volcanoes made of mixed cinders and lava, such as those of the San Francisco Mountains near Flagstaff, Ariz. Recent lava flows look like frozen rivers of black basalt. Others, much older, form the hard caps that have protected great stretches of land from erosion and today form the dark-capped buttes, mesas, and tablelands. (See p. 131.)

Major Volcanic Fields

1 San Francisco
2 Datil—Mt. Taylor
3 Spanish Peaks—Capulin
4 Mt. Trumbull
5 Carrizozo
6 Jemez Mountain
7 Chiricahua Mountain
8 Death Valley
9 Pinacate
10 Davis Mountain
11 High Plateau
12 Hopi Buttes and Navajo

Butte

Mesa

Mountains Formed by Erosion

Mountains Formed by Folding and Thrust-faulting

Mountains Formed by Block-faulting

MOUNTAIN MAKING involves complex processes well illustrated in the Southwest. Volcanic mountains are numerous (see p. 117). Where immense areas were evenly lifted, rivers carved wide valleys, leaving buttes and mesas. Squeezing and folding pressures forced older layers up, sometimes pushing them over younger ones. Terrific tensions produced jagged breaks in the earth's crust, and huge blocks were lifted and tilted. Chiseled by erosion, block-fault mountains form the rugged basin-and-range topography of western Utah and eastern Nevada. The Rocky Mountains represent up-bulging of a great rock complex. Erosion has stripped off the covering layers, whose tilted stumps are the hog-back foothills paralleling both sides of the hard core—the Rockies proper.

Gooseneck of San Juan River, Southeastern Utah

EROSION, THE GREAT LAND SCULPTOR Water, wind, frost, and gravity have carved and shaped the Southwest in a slow, never-ending process. Mountains have been reduced to plains, though lavas and hard sedimentary rocks protect the older uplands. Soft shales and clays have been carved intricately, as in Bryce Canyon, and have been flushed from beneath harder layers that have broken off to form cliffs. Water, fortified with gravel, is the principal agent wearing down and carrying away land. Where land has been consistently rising, the cutting power of streams is maintained in their original channels. Classic examples are the Grand Canyon of the Colorado and "goosenecks" of the San Juan. Such activities as clearing of land accelerate erosion in many areas.

Camel Rock, North of Santa Fe

119

WHAT TO SEE AND DO

Everywhere you look, there's something to see. The next pages spotlight important attractions, from citrus groves to trout streams, from cactus deserts to ski runs. For touring ideas see pp. 8-16. For a broader view of the region try the "American Guide Series":

TEXAS, Hastings House, N. Y., 1949.
OKLAHOMA, Univ. of Okla. Press, Norman, 1945.
KANSAS, Hastings House, N. Y., 1949.
COLORADO, Hastings House, N. Y., 1951.
NEW MEXICO, Univ. of N. Mex. Press, Albuquerque, 1945.
UTAH, Hastings House, N. Y., 1941.
NEVADA, Binfords and Mort, Portland, Ore., 1940.
ARIZONA, Hastings House, N. Y., 1949.
CALIFORNIA, Hastings House, N. Y., 1943.
Also:
THE SOUTHWEST, editors of LOOK, Houghton Mifflin, Boston, 1947.

Among periodicals the following are of particular interest:
DESERT MAGAZINE, Palm Desert, Calif.
ARIZONA HIGHWAYS, Ariz. State Highway Dept., Phoenix, Ariz.
NEW MEXICO MAGAZINE, State Capitol, Santa Fe, N. Mex.
COLORADO WONDERLAND, 701 S. Tejon St., Colorado Springs, Colo.
NEVADA HIGHWAYS AND PARKS, Dept. of Highways, Carson City, Nev.

Before starting Southwestward, write to any of the following for road maps and specific information. If you are to travel by railroad, bus line, or airline, consult the one you plan to use. Major gasoline companies provide maps and will aid in your planning.

New Mexico Tourist Bureau, State Capitol, Santa Fe, N. Mex.
Colorado Department of Public Relations, State Capitol, Denver, Colo.
Associated Civic Clubs of Southern Utah, Richfield, Utah.
Arizona State Highway Department, Phoenix, Ariz.
Nevada Department of Highways, Carson City, Nev.
California Dept. of Natural Resources and Parks, Sacramento, Calif.
Texas State Parks Board, 106 E. 13th St., Austin, Tex.
Kansas Industrial Development Comm., 801 Harrison St., Topeka, Kan.
Okla. Plan. and Res. Bd., 533 State Capitol, Oklahoma City, Okla.
National Park Service, Southwest Region, Box 1728, Santa Fe, N. Mex.
U.S. Forest Service, Reg. Forester, Federal Bldg., Albuquerque, N. Mex.

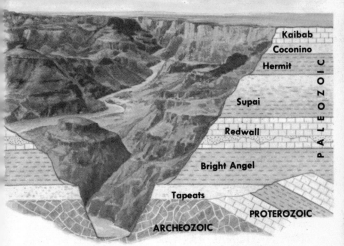

Cross Section of Grand Canyon Rock Formations

GRAND CANYON is a great gash in the earth 217 miles long, 4-18 miles wide, and 1 mile deep, cut by the Colorado River through the Kaibab Plateau of northwestern Arizona. View it from either rim or from the air. Its rugged interior is accessible by foot or horseback. The South Rim (elev. 6,900 ft.) may be reached the year round by bus, rail, or auto and in summer by air. A hotel, auto lodge, and campground provide accommodations. The North Rim (8,200 ft.) is closed by snow in winter. Cabins, cafeteria, and campgrounds are open May 15-Oct. 15. Cedar City, Utah, is the nearest approach by plane and train. To be sure, make reservations in advance. Saddle-horse trips and bus tours are available, and the National Park Service provides free lectures and museum services. Discovered by Coronado's followers in 1540 and explored by John Wesley Powell in 1869, Grand Canyon was made a national park in 1919. Wild animals abound. Typical plants of the mesas may be seen.

BRYCE CANYON NATIONAL PARK has spectacular amphitheaters eroded from the Pink Cliffs of the Paunsaugunt Plateau, southwest Utah. Paved roads and trails. Facilities: public campground, cabins, cafeteria, lodge; museum; Ranger guide service. Facilities closed in winter; roads are kept clear; park stays open. Nearest railhead and airport: Cedar City.

ZION NATIONAL PARK has a 2,000-3,000 ft. gorge in red and white Mesozoic rocks of the Kolob Plateau, southwest Utah. Massive cliffs and gorgeous panoramas mark the Virgin River. Mt. Carmel Highway connects U.S. 89 with U.S. 91. Accessible by auto or bus from Cedar City. Cabins, cafeteria, and campground in park and nearby Springdale open all year. Museum; field trips; campfire programs. Paved highways; 26 miles of trails.

For other spectacular canyon scenery, visit:
Salt River Canyon, on U.S. 60 north of Globe, Ariz.
Fish Creek Canyon, on the Apache Trail (Arizona State Highway 88).
Aravaipa Canyon (hikers only), Mammoth, Ariz.
Black River Canyon, near Ft. Apache, Ariz.
San Juan Goosenecks, Mexican Hat, Utah.
Rio Grande Canyon, south of Taos, N. Mex.

BLACK CANYON OF THE GUNNISON, in west-central Colorado, has breath-taking depths and a vast expanse of sheer walls of granite and schist. Accessible from Crawford (north) and Montrose (south); roads may be impassable in winter. Only accommodations are campgrounds.

THE ROYAL GORGE of the Arkansas River has long been a major attraction of southern Colorado. It is spanned by a long, extremely high suspension bridge reached from Canyon City on the east and Salida on the west, on U.S. 50. The hanging railroad bridge within its depths is notable.

CEDAR BREAKS' huge bowl is carved from the same colorful rocks as Bryce Canyon, 95 miles east. Lacking Bryce's delicate formations, it has, however, more color variety. Cedar Breaks Lodge is open June 15-Sept. 10. Roads are closed by snow Nov.-May. Cedar City is railhead and airport.

OAK CREEK CANYON, Ariz., is 10 spectacular miles (U.S. 89A) between Flagstaff and Sedona within a great lava-rimmed gash in the Coconino Plateau. Along tree-shaded banks of a brawling trout stream within its depths are small orchards and farms, restful guest ranches, and resorts.

Santa Elena Canyon

BIG BEND NATIONAL PARK, one of the newest and the only one in Texas, is separated from Mexico by only the narrow Rio Grande, which has cut five rugged canyons in its southward swing around the lofty Chisos Mountains. Big Bend combines sweeping views; interesting animals such as the Kit Fox and Peccary; Century Plants and others equally weird; the gentle winter climate of the Chihuahuan Desert; and the atmosphere of old Mexico. Its peaks (nearly 8,000 ft.) offer a cool retreat in summer. The park may be entered by paved highway from either Alpine or Marathon (118 and 80 miles away, respectively), both on the Southern Pacific Railway. A public campground, restaurant, and limited cabin accommodations are available the year round. Horse and foot trails lead to points of interest. Fish in the Rio Grande, or picnic on its northern bank. On Dagger Flat, in April, the huge Giant Dagger Yucca blossoms in profusion, except during periods of drouth. Park Rangers provide information for visitors and protection for park features.

COLORADO NATIONAL MON-UMENT contains a colorful array of canyons, amphitheaters, cliffs, and pinnacles. It illustrates faulting, a great hiatus, and erosion. A paved loop highway from Grand Junction to Fruita in west-central Colorado makes it accessible along a spectacular rim drive. Campgrounds only.

CAPITOL REEF NATIONAL MONUMENT, a vast region in Wayne County, Utah, is named from a long, highly colored cliff face resulting from erosion of the famous Waterpocket Fold. State Highway 27, a graded dirt road, crosses the area. Trails lead into scenic canyons. Accommodations at Torrey and Fruita.

MONUMENT VALLEY, named for huge pinnacles and majestic erosional remnants, is in the Navajo Reservation on the dirt road from Kayenta, Ariz., to Bluff, Utah. Be prepared to camp if necessary. Trading posts provide some facilities, including gasoline and guide service.

DEADHORSE POINT overlooks canyon grandeur rivaling that of Grand Canyon. Near the junction of the Colorado and the Green Rivers, it is reached by dirt road leaving U.S. 160 at a point 12 miles north of Moab, Utah. The road continues beyond the Point to other overlooks.

ARIZONA'S PAINTED DESERT, near Cameron, lies northeast of the Little Colorado River and Holbrook. It is visible from U.S. 89 and U.S. 66. Layers of colored sediment and bentonite clay carved by erosion give the colorful banded effect.

CHIRICAHUA (CHEERY-cow-ah) **NATIONAL MONUMENT** is the Wonderland of Rocks of southeastern Arizona. Erosion in columnar lavas of the Chiricahua Mountains has created a jumble of grotesque rock figures accessible by highway and 14 miles of trails. Horses and limited accommodations available.

VALLEY OF FIRE STATE PARK protects an amazing outcrop of huge brick-red rock fins reached by a short dirt road from Overton, Nev. Along the trails, this maze resembles a city of crooked streets winding between rows of tall, red-brick buildings. Picnic facilities.

VALLEY OF THE GOBLINS, a paradise for back-country explorers, is accessible only by jeep or pickup truck over a 38-mile dirt route starting at Hanksville, Utah. Take food and water. Another spectacular isolated area, Cathedral Valley, is reached via Fremont, Utah.

PETRIFIED FOREST NATIONAL MONUMENT, site of the largest and most colorful concentrations of petrified wood in the world, lies between U.S. 66 and U.S. 260, 20 miles east of Holbrook, Ariz. State Highway 63, traversing the monument, is closed at night to protect the petrified wood. Visitors are urged to resist temptation and leave the wood for others to enjoy. In addition to the quantities of agate, jasper, and chalcedony (see p. 112) found in the six forests, there are badlands of colored clays that have weathered into a haunting Painted Desert landscape (p. 126). A fine museum is located half a mile from the U.S. 260 entrance, with a small restaurant, a curio store, and limited overnight accommodations nearby. Trains stop at Holbrook, where automobiles may be hired. Nearest airports: Winslow, Ariz., and Gallup, N. Mex.

Other petrified forests in the Southwest:
Sweet Ranch, southwest of Santa Fe, N. Mex.
Near Tascosa, in the Texas Panhandle.

WHITE SANDS NATIONAL MONUMENT, in south-central New Mexico, 146,535 acres, is covered by drifts of gleaming white gypsum sand—home of a few struggling plants and a rare lizard and a pocket mouse, both white. Accessible from U.S. 70; picnic area; museum; overnight accommodations in Alamogordo.

GREAT SAND DUNES NATIONAL MONUMENT has 600-ft. drifts along the base of Sangre de Cristo Mts. Follow graveled road from State Highway 17, 13 miles north of Alamosa (accommodations). Nature trail; campground.

Other sand-dune areas you may wish to see:

Monahans Sands, near Monahans, on U.S. 80, western Tex.
Pink Sands, northwest of Kanab, Utah.
Desert Sands, along U.S. 80, west of Yuma, Ariz.
Puerco Sands, on U.S. 60 and 85, north of Socorro, N. Mex.
In Death Valley National Monument, Calif.

CARLSBAD CAVERNS, in southeastern New Mexico, are world-famous for their immense size, their vaulted rooms, and their splendid natural formations. Park Service guided tours are conducted along 4 miles of underground paths. Formed by collapse of rock after slow solution, and decorated by limestone dripping, the caverns have been millions of years in the making. Changes in climate have long since made most of Carlsbad a "dead" cave. It was first explored by a cowboy, Jim White, about 1901. Hoards of harmless bats which live in an upper corridor pour from the natural entrance each summer evening. Twenty-one miles from the city of Carlsbad a paved highway to the park joins U.S. 62 and 180 from El Paso, Tex. Rail and air lines to El Paso or Carlsbad connect with buses to the Caverns. No overnight accommodations. Light meals.

Other Southwest caves you may wish to see:
Lehman Caves, Baker, Nev.
Colossal Cave, Vail (near Tucson), Ariz.
Cave of the Winds, Colorado Springs, Colo.
Whipple Cave, Cave Valley, Nev.
Crystal Cave, Oracle, Ariz.
Mitchell's Cave, Essex, Calif.

METEOR CRATER, a hole 570 ft. deep and more than ¾ mile wide, was blasted out some 50,000 years ago by the impact of a huge cluster of meteorites. The crater, 20 miles west of Winslow, Ariz., is most effectively seen from the air but may be reached by a 6-mile paved detour from U.S. 66. A small museum (admission fee) on the rim tells the story of meteor craters and displays meteoric materials. Accommodations at Winslow. Other meteor craters are near Odessa, Tex., and Haviland, Kan.

SUNSET CRATER, most recently active Southwest volcano, was formed about 1066 A.D., according to growth rings in timbers of Indian homes buried by its cinders. The crater lies in a symmetrical 1,000-ft. cinder cone surrounded by spectacular squeeze-ups, spatter cones, and lava flows. Proclaimed a national monument in 1930, the area is reached by a short road leaving U.S. 89 northeast of Flagstaff, Ariz. (accommodations here).

VOLCANIC PLUGS, such as Shiprock in northwestern New Mexico, are remnants of old volcanoes, whose dying throats were choked with cooling lava. Erosion of the volcanoes has left hard lava cores standing.

Plug: Shiprock

VOLCANIC DIKES may be large mountains, as Mt. Blanca, Colo.; or long lines of "hogbacks"; or vertical veins across country, as at Alamillo Creek, N. Mex., and below the volcanic Spanish Peaks near La Veta, Colo.

Dikes: Alamillo Creek

LAVA FLOWS, many old, some recent, are common. Best known are flows near Carrizozo and Grants, N. Mex.—the latter famous for perpetual ice caves near Paxton Springs. Other lava-flow ice caves are on Sierra Negra and Johnson Mesa between Folsom and Raton, N. Mex.

CAULDERAS, cones of volcanoes that have blown off their tops, are rare in the Southwest. Valle Grande, in Jemez (HAY-mez) Mountains, N. Mex., is 18 miles across. It is surrounded by lava beds and compressed volcanic ash called "tuff."

Other volcanic plugs: Cabazon Peak, N. Mex.; Agathai Peak, Monument Valley; Lizard Head, near Telluride, Colo.; Huerfano Butte, near Walsenburg, Colo. Other cinder cones: Vulcan's Throne, in Grand Canyon National Monument; El Tintero, near Bluewater, N. Mex.; Capulin Mountain, near Capulin, N. Mex.; Ubehebe Crater, Death Valley National Monument; numerous cones near Springerville, Ariz.

Delicate Arch Bridge

ARCHES NATIONAL MONUMENT Arches may be defined as passages through obstructions, whereas natural bridges are passages that go over obstructions. In eastern Utah, near Moab, erosion has left many thin vertical slabs or fins of sandstone. Weathering sometimes perforates such fins to form windows. Enlargement of the openings results in stone arches. More than 80 such natural arches, some of them immense, are found in Arches National Monument. Mingled with them are balanced rocks, pinnacles, rock figures resembling men and animals, and a rugged area of brilliant red-banded rock called Fiery Furnace. A state highway enters the monument, leaving U.S. 160 at a point 12 miles north of Moab, where there are tourist accommodations. Leave trailers outside, as the monument road contains dips and steep grades. A picnic ground and self-guiding nature trail are available.

Other natural arches that may be on your route:

Window Rock, near the town of that name, Ariz.
Golden Arch, Organ Pipe Cactus National Monument, Ariz.
Cassidy's Arch, Capitol Reef National Monument, Utah.
Angel's Window, Cape Royal, Grand Canyon National Park, Ariz.
Arch Canyon and Hole-in-Rock, near San Juan River, southeastern Utah.

Owachomo Bridge

NATURAL BRIDGES NATIONAL MONUMENT, 50 miles by dirt road from Blanding, Utah, contains three huge natural stone spans forming a rough triangle 3 miles on a side. The entrance road ends in a small campground, from which a trail, with self-guiding markers, leads to Owachomo Bridge. There are no other facilities. Bring food, water, and camping equipment.

RAINBOW BRIDGE, world-famous, is hidden deep in the remote, rugged slickrock country west of Navajo Mountain in south-central Utah. Large enough to straddle the nation's capitol, it is dwarfed by its surroundings. It is reached by a 14-mile trail from Rainbow Lodge or Navajo Mountain Trading Post. Horses may be obtained. Only hardy outdoors people should attempt the trip. Boat travelers on the Colorado River hike 6 miles up Forbidden Canyon to Rainbow Bridge.

Other natural bridges:

Gregory—Escalante Wilderness, Utah.
Grosvenor—Escalante Wilderness, Utah.
White Mesa—near Inscription House Trading Post, Ariz.
Hickman—in Capitol Reef National Monument, Utah.
Travertine—near Pine, Ariz.
"Whopper" (unnamed)—Zion National Monument, Utah.
Bryce—Bryce Canyon National Park, Utah.

Rainbow Bridge

MESA VERDE NATIONAL PARK, in extreme southwestern Colorado, containing the largest concentration of prehistoric cave village ruins in the United States, is one of the best places to see the handiwork of early Americans. In the park is a unique museum where the arts and crafts of prehistoric Indians are exhibited and explained. Self-guided tours, conducted trips to the ruins, and campfire talks by Park Service archeologists tell the story of the Indians who farmed the mesas for 1,300 years. Major ruins are reached by paved roads. Horses may be hired for trail trips. The park is open all the year, but overnight accommodations and meals are available only during summer and early fall. There is a large campground. Enter the park midway between Mancos and Cortez, Colo., on U.S. 160.

Other Southwest cliff ruins:

Gila Cliff Dwellings National Monument, Silver City, N. Mex.
Bandelier National Monument, near Los Alamos, N. Mex.
Puye Cliff Ruins, near Santa Clara Pueblo, N. Mex.
Walnut Canyon National Monument, near Flagstaff, Ariz.

NAVAJO NATIONAL MONUMENT, in north-central Arizona, protects three spectacular cliff ruins. None is accessible by automobile; Betatakin is seen from a short trail near headquarters. Guide service, a campground, and Indian ponies are available. Dirt roads; be prepared to camp.

CANYON DE CHELLY (deSHAY) **NATIONAL MONUMENT** (reached by dirt roads) in northeastern Arizona has spectacular canyons containing ruins. White House Ruin is seen from the road; others are reached by hiking, horseback, or special automobile. Guest ranch accommodations.

MONTEZUMA CASTLE NATIONAL MONUMENT, near the center of Arizona, is a spectacular cliff ruin easily reached by paved road. Ranger-archeologist guides and a museum describe prehistoric Indians of Verde Valley. Near Montezuma Well. Accommodations nearby.

TONTO NATIONAL MONUMENT, overlooking Roosevelt Reservoir, Ariz., is reached over unpaved but scenic Apache Trail. Gem-like cliff ruins are near. A museum, conducted trips, and a self-guiding trail tell of prehistoric Indians. Motels in Globe and other nearby towns.

AZTEC RUINS NATIONAL MONUMENT, on the west bank of the Animas River near Aztec, N. Mex., is an ancient village site used by prehistoric farmer Indians (not Aztecs). A small museum and trips through the ruins explain their activities and habits. Accommodations in Aztec and other towns.

CASA GRANDE NATIONAL MONUMENT, on State Highway 87, is the site of a ruined four-story earthen tower (p. 22) dominating a Hohokam walled village. A museum and a guided trip through the ruin tell of an early people who irrigated and farmed parts of the Gila Valley of Arizona.

TUZIGOOT NATIONAL MONUMENT, 3 miles east of Clarkdale in Arizona's Verde Valley, is the remnant of an Indian village on a hilltop. A museum exhibits prehistoric pottery, stone and bone tools, ancient jewelry. A self-guiding trail explains the ruin. Nearby towns offer accommodations. Jerome, a ghost town, is near.

WUPATKI NATIONAL MONUMENT contains the largest ruin among 800 prehistoric Indian homesites. Soil here was enriched by the eruption of Sunset Crater (see p. 130). The entrance road leaves U.S. 89 30 miles north of Flagstaff, Ariz. (accommodations). Self-guiding trails.

Pueblo Bonito Ruin

CHACO CANYON NATIONAL MONUMENT, in northwestern New Mexico, with a dozen great open-site ruins and hundreds of smaller sites, represents the highest development of prehistoric Pueblo Indian civilization in the Southwest. Superior masonry, a rich variety of stone and bone tools, pottery, and fabrics found in the ruins mark a peak of prehistoric culture. Midway between Thoreau, on U.S. 66, and Aztec, on State Highway 44, Chaco Canyon is reached over winding State Highway 56, sometimes made impassable by sand or mud. A campground, small museum, and guide service to Pueblo Bonito (Beautiful Village) are available. This ruin of over 830 rooms was explored by the National Geographic Society, 1921-27. Nearest facilities are 64 miles away.

Other open-site ruins that you may wish to see:

Bandelier National Monument, near Los Alamos, N. Mex.
Coronado State Monument, near Bernalillo, N. Mex.
Pecos State Monument, near Pecos, N. Mex.
Besh-ba-gowah Ruin, Globe, Ariz.
Pueblo Grande, Phoenix, Ariz.
Kinishba Ruin, near Fort Apache, Ariz.
Point of Pines Ruin, east of San Carlos, Ariz.
Hovenweep National Monument, west of Cortez, Colo.
Kiva Ruins, near McNary, Ariz.
Elden Pueblo, near Flagstaff, Ariz.

Old Walpi

HOPI INDIAN VILLAGES, high on protected tablelands west of Keams Canyon, Ariz., overlook the Painted Desert (see pp. 31 and 126). For eight centuries the Hópitu (peaceful) people have occupied three fingers of Black Mesa, known (east to west) as First, Second, and Third Mesas. Visitors are welcome in the villages but should remember that the houses are private homes, not business places. Ceremonial dances are held frequently, the Soya-bina opening the kachina program in December. In January there are hunting dances; in February, bean-sprouting dances; and during the summer, butterfly dances. Most famous is the Snake Dance held late in August. Although the main road through the Hopi country is now paved, side roads are dirt or gravel and may become difficult following rains. Trading posts offer gasoline and supplies but few overnight accommodations. Travelers off main roads may have to camp. See map on p. 31.

First Mesa Villages
(People Make Pottery)
Walpi
Sichomovi
Hano

Second Mesa Villages
(People Make
Coiled Baskets)
Mishongnovi
Shipaulovi
Shongopovi

Third Mesa Villages
(People Make
Twined Plaques)
Oraibi
Hotevilla
Bacabi

HAVASUPAI Indians, a dwindling tribe, live in Supai Village, deep in Havasu Canyon, within Grand Canyon. Leave your car at Hilltop, on the canyon rim, and hike 14 miles to Supai; or, arrange to be met at Hilltop by Indians with saddle ponies. Blue-green water, three majestic waterfalls, and subtropical plants make the canyon a paradise. Limited accommodations at Supai Village.

QUIJOTOA (key-ho-TOE-ah), typical Papago Indian village, is in the desert northwest of Sells, Ariz., on State Highway 86. One-room mud-floored houses are of Saguaro ribs or Ocotillo stems plastered with mud. Come in spring or fall. At Sells are a Papago museum, store, and filling station. Meals and accommodations at Nogales, Tucson, Casa Grande, and other nearby centers.

ACOMA (AK-oh-mah), New Mexico's "Sky City," tops a small mesa, 14 miles by graveled road from U.S. 66 near San Fidel. It and Oraibi (p. 138) are called the oldest continuously occupied villages in the U.S. Acoma is reached by a steep foot trail winding up Acoma Rock. There is a charge for entering the pueblo, and a fee for taking photographs. Accommodations along U.S. 66.

SAN JOSE DE TUMACACORI started as a simple shelter in which the famous Spanish priest, Father Kino, said mass for the Sobaipuri Indians in 1691. By 1773 it had become a major mission. When, in 1884, Mexico sold the mission lands, Indians of the Tumacacori congregation moved the church furnishings to San Xavier (p. 141), near Tucson, Ariz. Abandoned, Tumacacori fell into ruin. In 1908 it was proclaimed a national monument and considerable work has since been done to stabilize the fine old building. A modern museum tells the story of Tumacacori and the Sonora chain of Kino Missions. U.S. 89 passes close to the walls. Tourist accommodations are available at Nogales, just below the Mexican border, 18 miles south; and in Tucson, 48 miles north.

Other old mission ruins you may wish to see:
Abo, Quarai, and Gran Quivira, near Mountainair, N. Mex.
Pecos and Jemez, near Santa Fe, N. Mex.
Quevavi, near Tumacacori, Ariz.
Quiburi, near Fairbank, Ariz.

George Johnson
Hanged by mistake

TOMBSTONE, Ariz., "The Town Too Tough to Die," typ- lusty, godless mining camps of early days. In its hey-, 1879-1885, Tombstone and its famous newspaper, *Epitaph*, built a reputation that still draws visitors to der among deserted gambling halls and explore the cage Theater and Boothill Cemetery, where grimly norous grave markers stand. Tombstone, on U.S. 80, is ween Benson and Bisbee, which offer accommodations.

ROME, rich in copper-mining lore, was born in 1882, d in 1952. For so young a ghost, it is amazingly mous—"The Most Unique Town in America." Its spectac- r location on the face of Mingus Mountain, Ariz., puts in the cliff-ruin class. Big Pit Mine and a modern museum e major attractions. U.S. 89A winds among abandoned uildings to Clarkdale, Cottonwood, and Prescott, all with ccommodations. (Other ghost towns: see pp. 12; 42-43)

TOMBSTONE, Ariz., "The Town Too Tough to Die," typifies lusty, godless mining camps of early days. In its heyday, 1879-1885, Tombstone and its famous newspaper, *The Epitaph,* built a reputation that still draws visitors to wander among deserted gambling halls and explore the Birdcage Theater and Boothill Cemetery, where grimly humorous grave markers stand. Tombstone, on U.S. 80, is between Benson and Bisbee, which offer accommodations.

JEROME, rich in copper-mining lore, was born in 1882, died in 1952. For so young a ghost, it is amazingly famous—"The Most Unique Town in America." Its spectacular location on the face of Mingus Mountain, Ariz., puts it in the cliff-ruin class. Big Pit Mine and a modern museum are major attractions. U.S. 89A winds among abandoned buildings to Clarkdale, Cottonwood, and Prescott, all with accommodations. (Other ghost towns: see pp. 12; 42-43)

SAN XAVIER (hah-VEER) was consecrated in 1797. Glistening white, combining Byzantine, Moorish, and Spanish architecture, it serves the Indians of Bac, 9 miles southwest of Tucson. Visitors welcome.

SAN MIGUEL, in downtown Santa Fe, N. Mex. (p. 144), was built 1636, destroyed by Indians 1680, restored 1710. Now a chapel for St. Michael's School, it is periodically opened for public worship.

ST. FRANCIS OF ASSISI MISSION typifies the old Spanish Southwest. Center of ancient Ranchos de Taos, near Taos, N. Mex., it was a refuge in Apache and Comanche raids. Rebuilt 1772.

EL SANCTUARIO DE CHIMAYO, in a hamlet of blanket-weavers in the Santa Cruz Valley, northern N. Mex., dates from 1816. Quaint Spanish Pueblo. Pilgrims come here. Visit in early October.

Other old churches and missions in New Mexico:

San Esteban Rey, Acoma Pueblo.
San Felipe de Nerí, Albuquerque.
San Miguel del Bado, San Miguel.
San Miguel Mission, Socorro.
Senora de los Dolores, Arroyo Hondo.

San José de Laguna, Laguna Pueblo.
Nuestra Señora de la Asunción, Zia Pueblo.
San Antonio de Isleta, Isleta Pueblo.

OLD MISSIONS 141

Fort Union

FORT UNION (1851-1891), at a junction of the Santa Fe Trail, was an army base. Adobe walls, guardhouse, brick chimneys, survive. Nine miles from Watrous on U.S. 85.

FORT DAVIS (1854-1891), in the Davis Mountains, western Texas (State Highways 17 and 118), was destroyed by Indians, rebuilt 1867. Garrisons fought Apaches and Comanches. Some buildings remain.

FORT BOWIE (1862-1896), near Apache Pass, Chiricahua Mountains, southeast Arizona, guarded stagecoaches and Gen. Nelson A. Miles' headquarters in the Geronimo campaign. Adobe walls remain on a spur from the Apache Pass road leaving U.S. 80 at Bowie (BOO-ee).

PIPE SPRING NATIONAL MONUMENT preserves a Mormon stone fort (1869-70) built around a spring. The fort protected colonists. On graded dirt road 15 miles southwest of Fredonia, northern Arizona.

Other old forts that may be visited (see map, pp. 42-43, also):

Ft. Garland, Colo.	Ft. Whipple, Ariz.	Ft. Stanton, N. Mex.
Ft. Lyon, Colo.	Ft. Lowell, Ariz.	Ft. Craig, N. Mex.
Ft. Bliss, Tex.	Ft. McDowell, Ariz.	Ft. Wingate, N. Mex.
Ft. Stockton, Tex.	Ft. Defiance, Ariz.	Ft. Sumner, N. Mex.
Ft. Huachuca, Ariz.	Ft. Grant, Ariz.	Ft. Bayard, N. Mex.

Pipe Spring Fort

Santa Fe Claims the Oldest House in the U.S.

SANTA FE (City of the Holy Faith), capital of New Mexico, was the center of Spanish and Pueblo Indian culture and of Catholic activities during the mission period, when Jesuit and Franciscan priests were active. It is now a modern art and cultural center. Santa Fe's plaza, planned in Madrid, Spain, and built in 1609-1610, was the terminus of two great trails: the Camino Real from Vera Cruz, Mexico, first traveled in 1581; and the Santa Fe Trail, main stage route from Independence, Mo., after 1849. North of the plaza is the Palace of the Governors, now a museum, over which have flown six flags. Nearby are the New Mexico Museum of Art and Cathedral of St. Francis. Highways lead to prehistoric Indian ruins, to modern Indian pueblos, and to native villages where Spanish is still the mother tongue.

Other Spanish-American towns retaining native character:

San Luis, Colo.	Mesilla, N. Mex.	Tierra Amarilla, N. Mex.
Nogales, Ariz.	Tecolote, N. Mex.	Bernalillo, N. Mex.
Cordova, N. Mex.	San José, N. Mex.	Cundio, N. Mex.
Socorro, N. Mex.	Penasco, N. Mex.	Mora, N. Mex.
Abiquiu, N. Mex.	Truchas, N. Mex.	Pecos, N. Mex.

MUSEUMS containing scientific or historical collections and educational displays are numerous in the Southwest. Many national parks and monuments provide exhibits as aids in understanding the features they protect. Outstanding among these are the early Indian exhibits at Mesa Verde, the Yavapai Point Station explaining the major geological and biological stories illustrated in the Grand Canyon, and the Spanish Mission exhibits at Tumacacori, Ariz. Displays at the University of Arizona, Tucson, outline the story of prehistoric man in the Southwest. Private institutions, such as the Heard Museum at Phoenix, the Museum of Northern Arizona at Flagstaff, and the Barringer Meteor Crater Museum (*) west of Winslow, Ariz., are of particular interest to travelers.

Other museums (* admission fee) you may wish to see:

Pioneer Village, Las Vegas, Nev.
*Lost City Museum, Overton, Nev.
San Jacinto Museum, San Jacinto Monument, Tex.
Panhandle-Plains Historical Museum, Canyon, Tex.
Sul Ross Historical Museum, Alpine, Tex.
Utah Historical Museum, Fillmore, Utah.
Taylor Museum and Fine Arts Center, Colorado Springs, Colo.
*Nininger Meteorite Museum, Sedona, Ariz.
Mineral Museum, State Fair Grounds, Phoenix, Ariz.
*Museum of Mining History, Jerome, Ariz.
Archeological Museum of the University of New Mexico, Albuquerque
Museum of International Folk Art, Santa Fe, N. Mex.
*Museum of Navajo Ceremonial Art, Santa Fe, N. Mex.

(For other museums, see pp. 45-47.)   **Governor's Palace, Santa Fe**

DEATH VALLEY NATIONAL MONUMENT, Calif., established 1933, features scenery, geology, unique desert life, and the lowest spot in the Western Hemisphere, 282 ft. below sea level. Accommodations: campground, hotels, motels. Climate: ideal October-April. Paved routes: from Baker, Calif.; Beatty, Nev.; Lone Pine or Olancha, Calif. Furnace Creek has a small airport. Las Vegas, Nev., is the nearest railhead.

ORGAN PIPE CACTUS NATIONAL MONUMENT, southwestern Ariz., near Mexico, protects many semi-tropical plants and animals not found elsewhere in the U.S. After winters of above-average rainfall, a mass of flowers appears, then trees, shrubs, and cactuses bloom. A highway leaving State Highway 86, 12 miles south of Ajo (AH-hoe), crosses the monument en route to the Gulf of California. A store at Lukeville and a campground offer the only accommodations nearer than Ajo.

Joshua Tree Forests occur near Pierce Ferry, Ariz.; on State Highway 93 northwest of Congress, Ariz.; and in Joshua Tree National Monument, between Twentynine Palms and Indio, Calif. Largest of yuccas (p. 90), this tree is spectacular in bloom, late February to early April.

Arizona-Sonora Desert Museum, 12 miles northwest of Tucson, in a forest of Giant Cactus, exhibits desert plants and animals. Labels tell about each species and the part it plays in the desert community. Attendants answer questions.

Desert Botanical Gardens of Arizona display desert plants in Papago Park between Phoenix and Tempe (tem-PEE). Lectures are given. Plants are sold. Also try Boyce Thompson Southwest Arboretum, near Superior, Ariz.

Saguaro (suh-WAR-oh) **National Monument** displays many desert plants and animals. Markers and a leaflet explain features along a 9-mile loop drive. Small picnic ground and museum. Tucson (17 miles west) has modern accommodations.

147

DESERT AGRICULTURE, based on irrigation, goes back at least 1,000 years in the Southwest. Irrigation systems now distribute water from huge reservoirs and thousands of deep wells to millions of arid acres (see p. 48). Fertile soils and a long growing season (up to 355 days) produce enormous crops of alfalfa, cereals, cotton, vegetables, citrus fruits, and dates. Winter crops include head lettuce, wheat, and carrots. Cantaloupes ripen early, and cotton is king of the field crops. Most of the alfalfa, hegari, corn, and similar crops are fed to range cattle to condition them for market. Sugar beets, figs, olives, pecans, and honey are among the specialized crops of the desert.

Some of the agricultural centers you will want to visit:
Yuma, Ariz.: Citrus, dates, pecans, alfalfa, wheat, grapes.
Phoenix, Ariz.: Citrus, alfalfa, cotton, vegetables.
Coolidge, Ariz.: Cotton, carrots, alfalfa, hegari.
Las Cruces, N. Mex.: Cotton, alfalfa, hegari.
Hobbs, N. Mex.: Berries, vegetables, grapes.
El Paso, Tex.: Cotton, alfalfa.
Monte Vista, Colo.: Potatoes, alfalfa, honey.
Grand Junction, Colo.: Apples, peaches, pears, cherries, alfalfa.
Imperial Valley, Calif.: Sugar beets, tobacco, lettuce, celery, tomatoes, cotton, dates.

Deep-well Irrigation

WILDLIFE REFUGES are for the protection of wild creatures, which, like men, must have a place to live, natural food, shelter, and a suitable environment to raise families. By protecting native wildlife in its environment, federal and state agencies provide an enormous impetus to human recreation. In the refuges, native animals may be seen, photographed, and studied. In some, overnight accommodations are available for visitors. All national parks and monuments are wildlife refuges. State parks and monuments also protect wildlife. National Wildlife Refuges of the U.S. Fish and Wildlife Service include the following:

Wichita Mountains National Wildlife Refuge, near Lawton, Okla.: Buffalo, deer, turkeys, longhorn cattle. Campsites.

Salt Plains National Wildlife Refuge, near Chickasha, Okla.

Muleshoe National Wildlife Refuge, northwest of Lubbock, Tex.

Bitter Lake Migratory Waterfowl Refuge, near Roswell, N. Mex.

Bosque del Apache National Wildlife Refuge, at head of Elephant Butte Reservoir, N. Mex.: Waterfowl and fishing.

San Andreas National Wildlife Refuge, west of White Sands National Monument, N. Mex.

Safford National Wildlife Refuge, near Safford, Ariz.

Salt River National Wildlife Refuge, near Roosevelt, Ariz.

Arizona Buffalo and Antelope Reserve, west of Winslow, Ariz.

Cabeza Prieta Game Refuge, adjoining Organ Pipe Cactus National Monument, Ariz.: Desert Bighorn and Peccary.

Kofa Game Refuge, near Yuma, Ariz.: Desert Bighorn.

Imperial and Havasu National Wildlife Refuge, near Yuma, Ariz.

Desert Game Range, near Las Vegas, Nev.

Salton Sea National Wildlife Refuge, at south end of Salton Sea, Calif.

For further information, write U.S. Fish and Wildlife Service, P. O. Box 1306, Albuquerque, N. Mex.

HOOVER DAM (formerly **BOULDER DAM),** completed 1936, is the highest (726 ft.) on the Colorado River. It formed Lake Mead—115 miles long, 229 square miles. Surrounded by desert, Lake Mead National Recreation Area provides swimming, boating, fishing. The dam's generators and mazes of corridors are reached by elevators. Dept. of Interior guides explain equipment and construction. The dam's crescent top is a broad highway, 1,282 ft. long, linking Arizona with Nevada. A museum at the Nevada end depicts the immense territory served with water and power by the dam. Other dams that create reservoirs along the Colorado River are Davis, Parker, Imperial, and Laguna Dams. Accommodations: Boulder City, Nev., 6 miles west, and Las Vegas, Nev., 29 miles northwest, of Hoover Dam.

Hoover Dam

GREAT DAMS impound water, generate electricity, harness destructive flood forces of the three big rivers of the Southwest—Colorado, Rio Grande, and Arkansas. Dams of the Southwest have contradicted climatic laws and stimulated westward expansion. Roosevelt Dam (completed 1911), 60 miles northeast of Phoenix, Ariz., started the reclamation parade. It is in the center of a scenic area tapped by State Highway 88 (Apache Trail), which also passes four other large dams and the 59-mile chain of lakes on the Salt River. Arizona's Verde River boasts Horseshoe and Bartlett Dams, and Coolidge Dam is the main structure on the Gila. Elephant Butte and Caballo are the big dams on the Rio Grande in New Mexico.

Other dams you may see in the Southwest:
Bluewater, in the Zuni Mountains, near Bluewater, N. Mex.
Alamogordo, on the Pecos River, near Fort Sumner, N. Mex.
Avalon, on the Pecos, near Carlsbad, N. Mex.
Conchas, on the Canadian, near Tucumcari, N. Mex.
Eagle Nest, on the Cimarron, near Taos, N. Mex.
El Vado, on the Chama, near Park View, N. Mex.
McMillan, on the Pecos, near Lakewood, N. Mex.
John Martin, on the Arkansas, near Fort Lyon, Colo.
Carl Pleasant, on the Agua Fria, near Peoria, Ariz.
Gillespie, on the Hassayampa, near Buckeye, Ariz.

NATURAL RESOURCES 151

OPEN-PIT COPPER MINES are spectacular large-scale diggings; many pock the Southwest. A visit to any one, particularly during operations, is memorable. Mines are seen at Ajo, Bisbee, Jerome, Morency, and Clifton, in Arizona; Santa Rita, near Silver City, N. Mex., and the Ruth Pit, near Ely, Nev. There are smelters at Douglas, Miami, Globe, Hayden, Ariz., and El Paso, Tex.

GOLD AND SILVER are often found with copper. Gold mining is active near Oatman, Ariz. Extensive potash workings underlie southeastern New Mexico near Carlsbad. Silver, lead, and zinc are mined near Pioche, Nev. Uranium ore occurs in southeastern Utah and southwestern Colorado. Trinidad, Colo., and Raton, Gallup, and Madrid, N. Mex., were once centers of coal-mining, now superseded in importance by petroleum and natural-gas production. For other minerals see pp. 113-114.

NATURAL-GAS AND OIL production is growing. Fields are being developed in western Texas and northwestern New Mexico. The Hobbs Field, in southeastern N. Mex., and one near Amarillo, Tex., afford sightseeing opportunities for travelers on main highways. Oil discoveries in eastern Nevada are reported. Helium, the rare nonflammable gas, occurs in several Southwestern oil fields, and a helium extracting and bottling plant is located just west of Amarillo, Tex., on U.S. 66.

NATURAL HOT SPRINGS, mainly of mineralized water, are used for therapeutic purposes. Such springs, in various degrees of development, dot the Southwest. Many are maintained by privately owned health resorts and guest ranches. Those at Truth or Consequences and Ojo Caliente, N. Mex., are well known. Other hot springs of interest include:

Verde Hot Springs, Ariz.
Agua Caliente Hot Springs, Ariz.
Indian Hot Springs,
  Thatcher, Ariz.
Tonopah Hot Springs,
  Buckeye, Ariz.
Castle Hot Springs,
  Morristown, Ariz.
Clifton Hot Springs, Clifton, Ariz.
Monroe Hot Springs,
  Monroe, Utah.

Jemez Springs, N. Mex.
Frisco Hot Springs,
  Luna, N. Mex.
Faywood Hot Springs,
  Faywood, N. Mex.
In Big Bend National Park, Tex.
Spencer Hot Springs,
  Austin, Nev.
Warm Springs, Nev.
Mineral Hot Springs,
  Saguache (sy-WATCH), Colo.

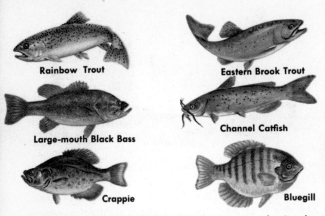

Rainbow Trout

Eastern Brook Trout

Large-mouth Black Bass

Channel Catfish

Crappie

Bluegill

HUNTING AND FISHING is "big business" in the Southwest. Vast areas of sparsely populated land suitable for native animals, large bodies of water behind the great irrigation dams (see p. 151), and expert management by game and fish commissions of the various states have combined to maintain a dependable population of fish and game. This is harvested by local sportsmen and vacationers, hunters, and fishermen from other regions. Pack trips into the high country usually yield larger bags because there is less pressure on game species in areas inaccessible to automobiles. License fees, open seasons, and bag limits vary in different states and from year to year. Sportsmen should consult local game wardens or the state game warden's office.

Some of the most widely sought game in the Southwest:

Game Mammals		Game Birds	
Mule Deer	Bison	Mourning Dove	Sage and Dusky
White-tail Deer	Bighorn	White-winged	Grouse
Bear	Peccary	Dove	Prairie Chicken
Elk	Rabbits	Gambel and Blue	Pheasants
Antelope		Quail	Wild Turkey
		Chukar	Wild Ducks and
			Geese

MOUNTAIN CLIMBING is for youth, but many "oldsters" are addicts, too. Wooded foothills with graded trails; rugged 13,000- to 14,000-ft. peaks; crags and cliffs requiring ropes, pitons, and all the know-how of scientific mountaineering — the Southwest has them all. Colorado alone has 52 peaks of 14,000 ft. or more. Persons unaccustomed to mountain-climbing should be wary of over-exertion and falls.

SKIING, universal winter sport, is popular in the Southwest. High mountains with north slopes catch and hold snow until late spring. Popular ski runs, most with rope tows or chair lifts, include: **In Colorado:** Aspen, Wolf Creek Pass, South Park, and Gunnison. **In Utah:** Cedar City and Beaver. **In Nevada:** Mt. Charleston, near Las Vegas. **In New Mexico:** Cloudcroft; Raton; Madera; Albuquerque; Tres Ritos; Taos; and Aspen Basin, Santa Fe. **In Arizona:** Arizona Snow Bowl, Flagstaff; Upper Sabino Canyon, Tucson; Bill Williams, Williams; Mingus Mountain, Jerome; and Saint Agathe, near Prescott.

High peaks in the Southwest include these (see also p. 5):

Mt. Whitney, Calif., 14,495 ft.	Wheeler Peak, N. Mex., 13,151 ft.
Mt. Elbert, Colo., 14,431 ft.	Boundary Peak, Nev., 13,145 ft.
Kings Peak, Utah, 13,498 ft.	Humphreys Peak, Ariz., 12,655 ft.

OTHER INTERESTING PLACES

TRIPS: Boat Trips on Colorado River; rugged, primitive; from Marble Canyon Ariz., Mexican Hat, or Green River, Utah.

D.&R.G.W. Narrow-gage Railroad—Durango to Silverton, Colo., only road of its kind in U.S.

"Trail Riders of the Wilderness" Pack Trips—Write American Forestry Assoc., 917-17th St. N.W., Washington 6, D. C. Similar pack trips may be arranged with local guides.

"Million Dollar Highway"—Ouray to Durango, Colo.; rugged.

"Four Corners" (only place in U.S. where four states meet) **and Goosenecks of San Juan, Colo.**

Inner Grand Canyon Trails—Muleback or foot. Primitive roads to Grand Canyon Nat. Mon., Ariz.

Deep-sea Fishing—Gulf of California at Punta Peñasco, 60 miles south of border, from Organ Pipe Cactus Nat. Mon., Ariz. Other trips into Mexico from border cities: Juárez, Sonoita, Nogales, Mexicali, Agua Prieta, etc.

PLACES: Astronomical observatories—McDonald at Ft. Davis, Tex.; Lowell at Flagstaff, Ariz.; Palomar and Mt. Wilson in Calif.

Other National and State Parks and Monuments—Write to National Park Service, Box 1728, Santa Fe, N. Mex., and to state capitals.

National Forests—Write to Regional Forester, U.S. Forest Service, Federal Building, Albuquerque, N. Mex. for list.

Los Alamos, N. Mex.—Atom Bomb City. Gate pass needed.

Navajo Indian Reservation—Check road conditions first.

Mormon Temples—St. George and Manti, Utah; Mesa, Ariz. No admittance, but beautiful buildings from outside.

Salton Sea and Imperial Valley, Calif.

ACTIVITIES TO WATCH: Logging at Flagstaff, Ariz. Cattleranching (branding, roundups, etc.) in many areas.

Football Games—Sun Bowl, El Paso; Salad Bowl, Phoenix.

Rocket and Guided-missile Tests—White Sands Proving Grounds, N. Mex. (No admittance; observe from a distance.)

INDEX

Asterisks (*) denote pages on which the subjects are illustrated.